顾明远

著

我所认识的

大先生

中国人民大学出版社
· 北京 ·

目　录

教师要做大先生

2019 年 4 月 19 日，习近平总书记在清华大学考察时发表了重要讲话，指出教师要成为大先生，做学生为学、为事、为人的示范，促进学生成长为全面发展的人。这充分表达了总书记对教师的尊重，也对教师提出了更高要求，意味着教师肩负着重大责任。

在中国，先生是一种尊称，是对父兄长者和教师的称呼。大先生更是对有德业者的尊称。《礼记·曲礼》中就有一句"从于先生，不越路而与人言。遭先生于道，趋而进，正立拱手"。这里的先生指的就是老师，这句话的意思是对老师要恭敬。只有人格、品德、学业上能为人表率者才能被称为大先生。习近平总书记的讲话，对高校教师在政治上、专业上、教育上都提出了更高的要求。

教师要做大先生，首先要坚定理想信念，不断提高思想政治修养，关心国家大事、世界大事，心怀祖国，坚定拥护党的领导和走中国特色社会主义道路，为实现中华民族伟大复兴作出贡献。就像习近平总书记所说的，要立足中华民族伟大复兴战略全局和世界百年未有之大变局，心怀"国之大者"，把握大势，敢于担当，善于作为，为服务国家富强、民族复兴、人民幸福贡献力量。今年是中国共产党成立 100 周年，在纪念党的生日、学习党史的过程中，我们更加认识到党的伟大。在 100 年来波澜壮阔的历史进程中，中国共产党带领中国人民不懈奋斗，战胜各种困难和挑战，在各个领域都创造了惊天动地的发展奇迹。我们要不断学习，发扬伟大建党精神，不忘初心，担当使命，全心全意为人民服务。

教师要做大先生，就要不断提高专业水平，严谨治学，深耕科研，研究真问题。作为教师，要以习近平新时代中国特色社会主义思想为指导，认真学习习近平总书记关于教育的一系列重要论述，坚持理论与实际相结合，提高教育质量和服务能力。当前我国教育发展进入了一个新时期，我们要为实现第二个百年奋斗目标培养人才。同时，教育改革进入了深水区，人民群众对优质教育的期盼与教育发展不均衡不充分的矛盾非常突出。作为高校教师，要围绕国家经济社会发展的战略部署，把握社会变革的大形势、大趋势，加强教育宏观决策和发展战略研究，提升教育政策和科学化水平；要围绕中央关心、社会关注、人民关切的教育热点难点问题，深入开展调查研究，在重要领域和关键环节取得新突破；同时要深入教育实际，总结鲜活的经验，并将其提升到理论高度，推动引领教师队伍建设。

教师要做大先生，就要把立德树人作为根本任务，培养肩负中华民族伟大复兴重任的下一代。大学生正处于世界观、人生观、价值观形成的关键时期，他们的价值观正确与否，不仅关系到个人的发展，更直接关系到社会主义建设事业的成败和中华民族的未来。大学是各种学术观点和思潮汇聚的地方，当前随着信息技术的发展，各种思潮和观点很快地涌入大学，特别是西方社会中有些思潮，正直接或间接地影响着大学生。大学教师要成为大学生价值观的引领者，引领学生树立正确的世界观、人生观、价值观。要坚持党的教育方针，践行"学为人师，行为世范"的格言。"师者，所以传道授业解惑也"，"传道"是第一位的，教师既要精于授业解惑，更要以传道为己任，既是经师，更是人师。教师要不断提升自己的思政修养，树立高尚的师德师风，以身作则，为人师表，做学生为学、为事、为人的榜样，成为学生锤炼品格、学习知识、创新思维、奉献祖国的引路人，把学生培养成为德智体美劳全面发展的社会主义建设者和接班人。

（原载《光明日报》，2021 年 9 月 14 日。略有改动）

关于教育家
——答《中国教师报》记者问

1.教育家的定义或者标准是什么？您觉得什么样的人能够称为教育家？教育家有哪些类型？

我到现在都没有看到正式的关于教育家的定义或标准。我想，一名教育工作者，无论是幼儿园、中小学老师，还是大学老师，当然也包括校长，只要热爱教育事业，懂得教育规律和人才成长规律，长期从事教育工作，做出了优异的成绩，并且对教育有研究，有自己的教育思想和先进理念，形成了自己的教育风格，在教育界有一定影响的，就可以被称为教育家。

教育家可以分为教育理论家和教育实践家，但两者很难分得很清楚。因为教育理论家也必须从教育实践中来，一点实践经验也没有的理论家很难是大众心目中的教育家；教育实践家也需要有理论，有自己的教育思想和理念，不是所有在实践一线的教师都能称得上教育家，必须是理论和实践相结合的，而且有一定贡献的才称得上教育家。

2.在平时与一线教师的接触中，哪怕非常优秀的教师，他们都普遍认为教育家很神秘，很遥远。对于这个问题您是怎么看的？

是这样，大家把教育家看得很神秘。一说起教育家，人们就会想到中国古代的孔子、韩愈、朱熹等，近代的蔡元培、陶行知等，西方的柏拉图、苏格拉底、夸美纽斯、赫尔巴特、杜威等。而说到当代中国，好像就没有教育家。我国13亿多人口，近2.6亿学生在各级各类学校中学习。在这样一个占世界人口1/5的大国里没有教育家，无论如何也说不过去，也与事实不符。中国教育虽说还有不少问题，但成绩是巨大的。中华人民共和国成立60多年来，教育培养了众多人才，积累了许多经验，难道就没有教育家？我想我们不要把教育家看得太神秘，要求得太高、太严格。其实，不久前去世的霍懋征老师就为我们树立了教育家的榜样。霍懋征老师毕生耕耘在小学教育园地，敬业爱生，矢志不渝，为祖国的教育事业倾注了全部的爱和心血。她师德高尚，学业精通，勇于创新，追求卓越，是世人的师表、教师的楷模。她从教60余年，不仅为国家培养了大批卓越人才，而且提出了"没有爱就没有教育"的教育思想，创造了一套小学教育的理论并积累了经验。她受到国家领导人的高度尊重和全社会的尊敬。她是中国教育家中杰出的代表之一。像霍懋征这样的老师我国还有许多，他们都可以称得上是教育家。

为什么把教育家看得太神秘？因为我国以前长期不提教育家。还因为，我国教育界教育理论和教育实践总是两张皮，从事教育理论工作的不太关心教育实践，普通教师不钻研教育理论。因此，很难出现理论和实际相结合的教育家。

3. 对于广大的教育工作者来说，他们经过怎样的努力才能成为教育家？

每个教育工作者都可以成为教育家。当然，不是所有的教师或教育工作者都能称得上教育家，也不是说随着教龄的增长教师能自然成长为教育家。要想成为教育家，就要热爱教育事业，有一片爱心，热爱每一个学生；要长期从事教育工作，甚至献身于教育事业；要结合工作不断学习教育理论，不断探索教育教学规律，不断研究学生，不断创新实践，反思自己的教育行为，总结提高，形成理性认识，形成成熟的经验和理论；要掌握教育艺术，创造自己的教育风格。著名教育家吕型伟曾经说过："教育是事业，其意义在于奉献！教育是科学，其价值在于求真！教育是艺术，其生命在于创新。"说得真贴切，做到这三点，就能成为教育家。我还想强调一点，即教师掌握教育艺术很重要。我总觉得，要成为教育家，就要对教育有点悟性，与学生能够沟通，无论是在课堂教学上，还是在和学生接触中有一种教育艺术，能够用自己的知识魅力和人格魅力征服学生。因此，学习和提升是教育家成长的必由之路。

4. 温家宝总理多次提倡教育家办学，怎样才是教育家办学？

温家宝总理多次提倡教育家办学，就是要求教师有高尚的师德、渊博的知识、精湛的教书育人能力；要求教师懂得教育规律，并且一辈子从事教育工作。温家宝总理在 2007 年政府工作报告中提出在教育部直属师范大学实行师范生免费教育时说："这个具有示范性的举措，就是要进一步形成尊师重教的浓厚氛围，让教育成为全社会最受尊重的事业；就是要培养大批优秀的教师；就是要提倡教育家办学，鼓励更多的优秀青年终身做教育工作者。"可见，温家宝总理是把提倡教育家办学看作形成尊师重教、全社会尊重教育事业的氛围，培养大批优秀教师，鼓励优秀青年终身从教的重大举措。

我认为，温家宝总理提倡教育家办学还有着其他重要而深远的意义。长期以来在我国似乎人人又都是教育家，人人都可以对教育说三道四。一些地方官员，不懂教育规律，常常用行政命令指挥教育。特别是在高考升学率上，用单纯的升学率来评价学校和教师的工作，给学校压升学指标，为推进素质教育设置重重阻碍。有些地方任命完全不懂教育的干部担任教育局局长。当然，不是说没有当过教师的就不能当局长。问题是当了教育局局长以后就应该热爱教育工作，学习教育理论，尊重基层教师，逐步把自己培养成懂得教育的工作干部，将来成为教育家。

5. 教育家的出现需要什么样的土壤？

《国家中长期教育改革和发展规划纲要（2010—2020 年）》（以下简称《规划纲要》）提出："提高教师地位，维护教师权益，改善教师待遇，使教师成为受人尊重的职业。"这就是教育家成长的土壤。

要有尊师重教的社会氛围，使教师真正成为全社会羡慕的职业。我们现实生活中有一种悖论：每个家长都希望把孩子送到一名好教师的身边，但大多数家长不愿意让孩子学师范、当教师。当社会上报名教师资格考试像报名公务员考试那样热烈时，我国的教育就大有希望了。

要改善教师的待遇，提高其工资水平，完善其医疗、养老等社会保险政策，改善其住房条件。特别是对农村教师，要有特殊的优惠政策，让他们能安心工作。《规划纲要》指出，要"依法保证教师平均工资水平不低于或者高于国家公务员的平均工资水平，并逐步提高。落实教师绩效工资。对长期在农村基层和艰苦边远地区工作的教师，在工资、职务（职称）等方面实行倾斜政策，完善津贴补贴标准。建设农村艰苦边远地区学校教师周转宿舍……"。《规划纲要》内容具体、丰富，如果认真落实，会吸引一批优秀青年终身从事教育工作。

要给教师进修、培训提供条件。《规划纲要》提出加强师德建设，提高教师业务水平，并提出对教师实行每五年一期的全员培训。我想，现在国家推行的教育硕士专业学位和教育博士专业学位都是在为教育家成长创造条件。此外，我们要提倡教师在教育实践中勇于创新，大胆试验，开展教育研究，不断提高自己的理论水平和业务能力。

6. 我们知道北京师范大学教育学部成立了教育家书院，您是教育家书院的院长。它是在什么背景下成立的？定位和宗旨是什么？

我们想为教育家成长提供一些条件，搭建一个平台。学习和提升是教育家成长的必由之路。教育家书院就想为我们的优秀教师成长为教育家提供一个学习和提升的平台。

北京师范大学教育学部对培养教育家有义不容辞的责任。北京师范大学是培养教师的摇篮，也应该是教育家成长的家园。北京师范大学也有一定的条件，它是以教师教育为特色的综合性大学，不仅在教育学科上有强大的优势，而且在文理各科都有强大的学术优势。北京师范大学校园有浓郁的学术氛围，每天都有国内外专家的学术报告。中小学老师在北京师范大学校园中可以受到学术的熏陶。我一贯认为优秀教师要提高，不能只围绕着中小学的教材转，也不能只是学习教育理论，更重要的是要提高整体素养，养成教育家的气质。前面说过，教育需要有点悟性。悟性从哪里来？就是从整体素养中来。北京师范大学可以为老师提高整体素养提供条件。

优秀教师到北京师范大学教育家书院来，也给北京师范大学教育学部带来了鲜活的经验，有利于改造我们的学习。前面讲到，北京师范大学是培养教师的摇篮，每年有几千名新教师走出北京师范大学校门奔向全国各地中小学，还有几百名教师在职攻读教育硕士学位。他们不仅需要学习教育理论，提升学科知识水平，而且要理论联系实际，学与思结合、知与行合一。教育家书院的研究员都是来自各地的优秀教师，他们给我们带来了丰富的实际经验。在教育家书院工作期间，他们不仅要学习，也要给我们的学生、研究生介绍他们的经验和心得。

总之，教育家书院是一个学习园地，在这里不是单向的学习，是互相学习，互相切磋，共同提高。不能说进了教育家书院的研究员就成了教育家，教育家书院只是提供一个共同学习的条件，将来能否成为教育家还需要不懈努力。当然，希望他们将来都能成为教育家。

（作于 2010 年 8 月 3 日，2024 年 9 月 10 日修改）

01 /

林砺儒

林砺儒（1889—1977），广东信宜人，教育家，曾任教育部副部长、北京师范大学校长

现代教育的先驱

　　林砺儒先生是我国近现代著名的教育家，2009 年是先生诞辰 120 周年，我们纪念这个日子，是缅怀他的教育思想和他对我国教育事业的贡献。林先生早年留学日本，攻读师范教育，回国以后，在北京师范大学的前身北京高等师范学校及其附中任教。他积极推动师范教育的建设和中小学的学制改革，是我国现代教育的先驱。他率先在附中试行中小学"六三三"学制，促进了我国 1922 年的新学制改革，使我国教育制度逐步走向现代化。这个学制一直沿用到今天。他还组织师大和附中的老师为附中自编新的教材，向全国介绍各国的先进教育理论和附中的实践经验，在全国中学中起到了表率和示范的作用。

　　林先生在解放以前就为中国的师范教育事业辛勤奔波。20 世纪 20 年代曾一度撤销师大，林先生为恢复师大与师大师生共同抗争，奔走呼吁，使师大得以恢复。他还对师范教育的性质和任务作了详细的论述，写了许多文章。他说，师范教育"独立"不是字面上或行政决定能办到的，"'独立'的第一义，应是训练方针和方法的独立。良师有其特殊的性格……"，"师范教育既有其具体目的——培养良师，那自然不是陶冶一般国民之普通教育"。又说："师范学校择个性之宜于任教师者，加以训练，以备服务社会，至

林砺儒先生所著《教育哲学》

林砺儒先生

于师范生个人之生计，国家另行设法供给了之。故师范教育之目的，完全为社会之公，而不计及个人之私。"这为师范教育的性质和任务指明了方向。他强调教育工作者要重视研究儿童和教育科学理论，科学育人，对学生进行全人格教育。他的这些思想，时至今日仍然有着重要的意义。

林先生一生致力于教育民众化、现代化，支持平民教育，他竭力抨击旧中国教育只是"官绅教育"，没有平民教育。他特别重视中等教育，而且对之深有研究。他强调教育要培养进步人格以适应进步的社会，认为中等教育应是全人格的教育，要让学生的活动直接经验道德生活、科学生活、艺术生活，就是真、善、美的生活。他强调学习要独立思考。他在1956年专门写了一篇文章，叫《关于学习和思考》。他在文章中谈了六个问题："学习必须独立思考""学习的创造性""实践可以衡量思想的深度""独立思考与学习集体的关系""独立思考与参加社会活动""独立思考与尊敬师长"。这些思想，从标题上就可以看出，与我们当前推进素质教育，培养学生的创新精神和实践能力，何等相似。

林先生的教育思想十分丰富，在理论上涉及教育哲学、伦理学、教育价值观、教育目的的讨论；在政策上涉及对教育制度、教育政策的批评和建议；在微观上，则阐述了教育内容的改革、教育方法的改善。林先生的教育思想是我国教育宝库中的珍贵遗产，我们应该认真研究，以促进我国当前的教育改革和发展。

林砺儒先生是我的老师，解放初期我在北京师范大学教育系学习，他是我们的校长，并给我们讲中等教育的课程。他讲的内容我已经不记得了，但他严肃而慈祥的音容至今难忘，尤其是他对教育事业的忠诚的精神，我时刻铭记在心。今天我们来纪念他诞辰 120 周年，更要学习他的教育思想，学习他忠于人民教育的崇高精神，从而激励我们做好本职工作，永不辜负他的教诲。

（在纪念林砺儒先生诞辰 120 周年座谈会上的发言，2010 年 1 月）

顾明远先生在北师大林砺儒先生雕塑旁

02/

董渭川

董渭川（1901—1968），山东邹县人，教育家，曾任北京师范大学校务委员会委员、教育学院院长、副教务长

教育启蒙第一人

董渭川先生是我的老师。1949 年我考入北京师范大学教育系，董先生是校务委员会委员兼教育学院的院长。说实在的，当时之所以报考北京师范大学教育系，也是因为听说教育系有一批像董先生这样的民主教授。入学以后的第一年，董先生就给我们讲新民主主义教育方针，使我第一次接触到教育理论。我还记得当时他分析教育方针和教育政策的联系与区别，介绍新中国的教育方针是为生产服务，向工农开门。

先生早年用一年时间考察过欧洲的教育，回来后出版了《欧游印象记》，我们读了都觉得很新鲜。这本书为我国早期比较教育研究提供了丰富的资料。

可惜我在大学二年级结束以后就离开师大到苏联莫斯科留学去了。五年后我回来，董先生已经担任师大副教务长兼教育实习委员会副主任，不直接讲授教育学了。但他的教学单位是教育系教育学教研室，我被分配到教育学教研室当助教，所以有机会接受先生的教诲。而且，每周三下午的政治学习以教研室为单位，所以我们总是在一起讨论学习各种问题。

董先生为师大学生的教育实习规范化作出了重要贡献。他和苏联专家一起制定了教育实习的方案，对教育实习的目的、内容、要求、规则，指导学校、指导教师的要求、职责等都作了详细规定。他还多次撰文论述师范生教育实习的必要性。20 世纪 50 年代教育部发布的师范学院和师范专科学校的两种教育实习暂行大纲就是在北京师范大学教育实习经验的基础上制定的。这些方案和要求至今仍为师范院校学生教育实习所用。

董先生不仅是教育理论家，也是教育实践家、社会活动家。他早年致力于民众教育工作，进行普及教育实验，对社会教育有深入的研究，提出了教育大众化、教育社会化、教育生活化、教育民主化的教育主张。他强调学习教育理论要联系教育实际，强调师范生进行教育实习的重要性。他还提出师范院校要"面向中学"的问题。这个问题在师范院校引起了一场争论：师范院校是向"综合大学看齐"还是"面向中学"？后来演绎到师范院校的学术性和师范性的争论，至今尚未停息。其实董先生是在论述师范生要不要进行教育实习的问题。但争论的双方都是从一个侧面来谈问题，所以总也谈不到一起。董先生强调要理论联系实际，认为实习可以论证理论，深化理论的实践性，有利于培养新型人民教师的全面性。这个观点至今也还是应该坚持的。

董先生思想豁达、治学严谨，对学生和蔼可亲，平易近人；他风度翩翩，具有一种人格魅力，为学生所崇敬。先生离我们而去已近 40 年了，但他的容貌犹在眼前，我们深切地怀念他。

（作于 2007 年 9 月 10 日教师节）

03/

董纯才

董纯才（1905—1990），湖北大冶人，教育家，曾任教育部副部长

春风雨露　情在育人

董老（董纯才）离我们而去已快一年了，但他那慈祥的面容、谆谆的言辞还深深地印在我的脑海中。他对教育事业的忠诚，常常激励着我努力奋进。当在教育科研工作中遇到困难的时候，当有时感到厌倦，想稍事懈怠的时候，我想起董老，想起他的教导，就觉得羞愧，便又重新奋起，继续去耕耘前辈未竟的事业。虽然不可能像董老那样为中国的教育事业作出大的贡献，但能够发一点微弱的光和热，才觉得无愧于董老的教诲。

早在新中国成立之初，我在大学生时代，就读过董老的文章。他阐述新民主主义教育思想是那么深刻，介绍苏联的教育经验是那么详尽，使我对新中国的教育事业充满信心。当时我想，如能见到董老，和他讨论中国的教育问题，将是何等快事。但那时我还仅仅是一个在教育系读书的青年学生，那种想法未免天真。

但是这种愿望居然实现了。那是 1979 年的春天，也是党的十一届三中全会开过以后的第一个春天，中国教育学会成立大会和全国第一次教育科学研究规划会议在北京召开，我作为北京师范大学的代表出席了这两个会议，并且作为中年教育理论工作者的代表，被选进了中国教育学会的常务理事会。德高望重的董老被全体代表选为会长。于是我就有了机会亲聆董老的教诲。中国教育学会在董老的领导下团结了全国老中青教育工作者开展教育科学研究，迎来了教育科学的第一个春天，从此我国教育科学研究进入了一个百花争艳的新时期。12 年过去了，教育科研已经硕果累累，不知倾注了董老多少心血和汗水，我想他在九泉之下一定会含笑欣慰的。

20 世纪 80 年代初，我们在董老的领导下编纂出版了中国有史以来第一部

《中国大百科全书·教育卷》。董老为《教育卷》的编写费尽了心血。他亲自主持编委会，亲自讨论重点词条。记得1983年夏天在北戴河召开编委会讨论"教育"这一重点词条时，董老就发表了精辟的见解。

董老经历了我国新民主主义革命时期，领导过新民主主义教育，因此对新民主主义教育的优良传统有亲身感受和深厚感情。他认为新民主主义教育是我国社会主义教育的基础，新民主主义教育的宝贵经验和优秀传统，应该在社会主义教育中得以继承和发扬。我作为北师大教育系的主任，曾邀请他到师大作新民主主义教育的报告。他的报告受到了教育系师生的欢迎。

董纯才关心青少年成长

董老十分支持教育实验工作，他认为没有实验，就没有我们自己的经验。1979年在全国第一次教育科学研究规划会议上，我曾向主席团提交了一份希望重视教育实验的意见书。会后我又找到董老提出要在北京市办一所实验学校的建议。董老对我的建议十分重视，亲自驱车到当时的北京市委教育工作部，商谈创办实验学校的事情。后来虽然因种种原因未能办成，但通过这件事充分说明董老对教育事业的热心，对教育实验的重视。

董老领导我国基础教育工作几十年，对发展我国基础教育作出了很大贡献，同时也有许多精辟的见解。他很早就主张中小学实行"五四三"学制。他认为，小学生的智能潜力很大，现在并未使他们的这种潜力充分发挥；小学由五年改为六年没有科学依据，应该继续小学五年制的实验；初中阶段是青少年成长最快的时期，应该加强教育，初中延长到四年，有利于少年的成长，有利于少年向青年的过渡，有利于学习较完善的科学文化知识，有利于引进职业技术教育。根据董老的意见，我们北师大从1983年开始搞"五四"学制的实验，同时着手编写"五四"学制的教学计划和教材。至今这个实验范围越来越大，已经在山东诸城、山东烟台、湖北沙市（今荆州市沙市区）以及黑龙江密山等地取得了较好的效果。

董老一生为教育事业鞠躬尽瘁，是教育工作者的楷模，永远是我们学习的榜样。我们要学习董老的精神，完成他未竟的事业，用我们的努力工作来寄托对他的怀念之情。

（原载《董纯才纪念集》，教育科学出版社，1992年）

04 /

王焕勋

王焕勋（1907—1994），教育学家，曾任北京师范大学教育系教授、教育学教研室主任，北师大附中校长

无声的教育大先生

　　王焕勋是新中国成立以后第一代教育学专家，是从老解放区过来的老革命干部和教育专家。王焕勋早年毕业于北京大学教育系，1937 年七七事变爆发后，在开封、洛阳等地做救亡工作。1938 年赴延安，先在陕北公学学习，1939 年参加了华北联合大学的创建工作，后来又在边区政府承担地方教育工作，并在《教育阵地》上发表多篇文章。1947 年在中共中央宣传部徐特立主持的教育研究室工作。1948 年华北大学成立，王焕勋转到华北大学二部讲授教育学。新中国成立以后不久，王焕勋担任中国人民大学教育学教研室主任。1951 年，中国人民大学教育学教研室并入北京师范大学教育系，王焕勋继续任教育学教研室主任。那时，中国人民大学和北京师范大学都先后开办了教育学研究生班和教育学大学教师进修班，培养了新中国第一批教育学专家。很多师范院校教育学科的教师是王焕勋的学生。

　　中华人民共和国成立以后，确立了"一边倒"向苏联学习的方针。1949 年12 月 23 日至 31 日，第一次全国教育工作会议在北京召开。会议提出，建设新中国教育要以老解放区的教育经验为基础，吸收旧中国教育某些有用的经验，特别要借助苏联教育的先进经验。从此，全国掀起了学习苏联教育经验的高潮。王焕勋就担负起了这个承上启下的工作。他以高度的热情投入新中国教育理论的建设工作。他一面孜孜不倦地学习苏联教育学理论，一面以老解放区的办学经验为基础，领导了新中国第一个教育学教研室的工作。为了更好地理解苏联教育学的基本理论，王焕勋撰写了《我们应该如何理解教育学上的三个基本概念：教育、教养、教学》一文，《光明日报》用整版篇幅发表了这篇文章，在全国教育学界产生了巨大的影响。可以说，王焕勋为新中国教育学理论建设奠定了基础。

对于苏联教育学对中国教育学理论的影响，学术界一直有议论。但历史地来看，新中国成立之初向苏联学习除了有政治因素以外，学习苏联教育理论和经验也是有其积极意义的：苏联教育学力图以马克思列宁主义的方法论来分析人类教育的本质和功能，强调教育主要是在教学的基础上实现的，向学生传授系统的科学文化知识，以及强调教师的主导作用等，这些理论对恢复和稳定新中国成立初期的学校教学秩序、建立新的社会主义教育理论体系都起了一定的作用。当然苏联教育学本身有许多不足，这是后来我们逐步认识到的。新中国成立初期的这段历史值得我们总结，它在我国教育学科建设中的作用是难以抹去的。王焕勋应是新中国教育学科建设的奠基人。

1958 年春，王焕勋教授担任北师大附中校长。当年北师大党委派了以化学系陶卫为领队的老师和应届毕业生到附中开展"教育大革命"。暑期"教育大革命"运动结束，学校要进行学制、课程改革，王焕勋教授希望我去帮助他。谁知等到 9 月份开学时，他要求把我留在附中工作。于是北师大任命陶卫和我为附中教导处的副主任。当时教导处主任蒋伯惠病休在家，所以学校教务工作就由陶卫和我承担。陶卫负责教学和高中，我负责班主任工作和初中。王焕勋是一位无言的长者，他把握学校改革的大方向，具体的教务工作都由我们两位年轻人"折腾"。正是由于王焕勋的信任和放开，我在附中四年得到了很大的锻炼。所以我常说，在附中四年，我与其说是当老师，不如说是当学生。

"文化大革命"以后，王焕勋已步入晚年，但他仍然为中国教育学科的建设

王焕勋（左五）和老师们讨论问题

和培养教育学科研究人才而努力。1980 年 2 月 12 日，第五届全国人民代表大会常务委员会第十三次会议通过了《中华人民共和国学位条例》，不久国务院成立了学位委员会和学科评议组。王焕勋担任了第一届教育学科评议组成员，成为我国第一批教育学博士研究生导师之一，并开始培养我国第一批教育学科研究生，这批研究生现在都是我国教育理论界的骨干。王焕勋为教育学科的研究队伍建设

王焕勋（右一）与老师交流

作出了重要的贡献。

在全国教育科学"六五"规划期间，王焕勋率领他的团队承担了立项重点课题"马克思教育思想研究"，其成果《马克思教育思想研究》获国家图书一等奖。王焕勋为该书撰写了前言和《如何理解马克思关于教育的论述》一文。该文认真研究了马克思的英文原文，澄清了许多因翻译中的误译所造成的对马克思关于教育论述的误解，为马克思主义教育学的建设做出了奠基性的工作。《马克思教育思想研究》一书虽然执笔的作者不同，但是在王焕勋带领的团队集体讨论研究后完成的，渗透了王焕勋的教育思想。

王焕勋在老解放区的报纸、杂志上发表过许多文章，可惜当时均以笔名署

1981 年北师大附中 80 周年校友返校合影，前左四为顾明远、左五为王焕勋

名，今天已难以考证，无法收集到这本集子中来，实在是一件十分遗憾的事。

王焕勋学贯古今，无论是对儒家教育学说还是对现代教育理论都有深入的研究。他治学十分严谨，轻易不动笔写文章。但一旦文章发表，总是散发出智慧的光芒，就如上面所说的文章，对新中国的教育学科建设产生了巨大的影响。

应该说，"文化大革命"中我国教育科学研究在"左"的思想影响下缺乏研究和自由发表意见的环境。党的十一届三中全会以后，我们才迎来了教育科研的春天。这时王焕勋已步入晚年，体弱多病，再加上他严格谨慎，常常是述而不作，所以发表的论文不多。但仅就其发表的几篇论文而言，已堪称经典。加上他在新中国成立前后的教育研究工作和人才培养建设，他应该称得上是新中国教育学科建设的奠基人。

改革开放以后，他作为第一批博士研究生导师，培养了我国第一批博士生。他学贯古今，给博士生精讲中国经典作品《论语》等，深入分析中国教育的优秀传统。

王焕勋教授慈祥温和，言辞不多，对年轻教师特别爱护。我在王先生领导下的北师大教育系教育学教研室和他共事约 40 年，没有听到他高谈阔论，他总是循循善诱，以自身品格在教育我们。

（作于 2010 年 9 月 4 日，2024 年 7 月 17 日修改）

05 /

滕大春

滕大春（1909—2002），北京通州人，教育家、教育史学家、河北大学教授

斯人已逝，风范永在

　　滕大春先生是我国教育界的老前辈，是教育史学界的泰斗。我虽然没有直接师从滕先生，但也可以算得上是他的编外弟子。在我们交往的 20 多年时间里，我受到他的教诲甚多，受益匪浅。我们第一次见面是在 1979 年春季的全国第一次教育科学研究规划会议暨中国教育学会成立大会上，当时他给我留下一个敦厚慈祥的学者的印象。1979 年深秋，全国外国教育研究会（后改为比较教育研究会）成立，滕先生是我们研究会的资深专家，后来一直指导我们研究会的工作，每次比较教育研究会开年会的时候，总请他到会并发言指导。

　　我们接触最多的是编纂《中国大百科全书·教育卷》（简称《教育卷》）的时候。1978 年《中国大百科全书》编纂工作启动，《教育卷》成立编委会，由董纯才同志任主编，刘佛年、张焕庭任副主编，滕先生和我都任编委。《教育卷》分几个分支学科，外国教育学科由滕先生任主编，赵祥麟先生、王承绪先生、朱勃先生和我任副主编，成员还有姜文闵同志。实际上，外国教育学科除了开过几次编委扩大会，研究框架结构、条目选定和样条审阅外，其他大量的工作是由滕先生亲自做的。当时编委会专门在北京将台口交通部招待所租了几个房间，张焕庭、滕先生等几位主要负责人就住在这个招待所里。那时条件很差，尤其是吃饭在食堂，生活很不方便。但年逾古稀的滕大春先生独自在这里住了两年，直到《教育卷》定稿付印。我们参加编纂的外国教育学科又分为两部分：一部分是外国教育史，由姜文闵帮滕先生整理修改；另一部分是比较教育，主要由我帮助滕先生整理修改。因此那两年我隔三岔五就要到交通部招待所和滕先生见面，讨论条目怎么修改。这时候我才真正认识到滕先生的学问和品格。滕先生真是学富五车，对外国教育史的资料如数家珍。他特别推崇孟禄的《教育史教科书》，认为其资料翔实，他常常提到，研究世界教育史不可不读孟禄的著作，不能不查阅《教育史教科书》。他事必躬亲，《教育卷》的每个条目他都亲自审阅和修改。他是一个大学问家，不仅学术深邃，而且十分谦虚，我们作为晚辈，有时会提出一些不同的意见，凡是合理的他都会欣然接受。

1985 年，张承先同志要我编写《教育大辞典》，我当时再三推辞，提出应该由学术界的前辈来担任主编。但承先同志、佛年教授认为编纂《教育大辞典》工程浩大，要花很长时间，还是要由年轻力壮的人来承担，我只好应命。但我认为要编好这部辞典，还是要依靠老一辈学者的指导，因此请了我国的知名学者担任顾问。考虑到滕先生是外国教育史的权威，编写这个分卷非他莫属。于是我只好请滕先生屈尊担任编委，并请他主持外国教育史分卷的编纂工作。他丝毫不介意由我这个小辈当主编，而他却只当编委，欣然答应了我的请求。这给了我很大的勇气和帮助。本来想请他挂个帅，有号召力，具体工作请其他较年轻的专家来做，但他十分认真，亲自召开了多次分卷编委会讨论框架和词条，审阅了一些重要条目，这使我非常感动。

滕先生对我国世界教育史学科的建设作出了重大贡献。他对美国教育的研究尤深。改革开放初期，急需了解外国教育的情况，他出版了《今日美国教育》一书，该书虽然只是一本小册子，但不仅对美国教育作了简要的介绍，而且作了深入的分析。当时我们就是通过这部书对美国教育有了较为全面的了解的。后来他又撰写了一部《美国教育史》巨著，详细地介绍了美国教育发展的历史，美国教

大先生云集，左起依次为黄济、刘一凡、刘文修、王承绪、王英杰、顾明远、滕大春、符娟明、马纪雄、汪永铨

育与美国政治、经济发展的关系，美国教育的基本特征和发展轨迹，对美国教育作了详尽的剖析和评价。《美国教育史》被认为是我国关于美国教育史最有权威性、内容最丰富的一部著作。滕先生在晚年仍然不辍耕耘，他在耄耋之年还主持编写了六卷本的《外国教育通史》，为我国的外国教育史研究留下最珍贵的财富。

滕先生是北师大国际与比较教育研究所最早的客座教授、最好的顾问。我们经常请他来指导。他常常帮我们评审科研成果和毕业论文，我所第一名博士生王英杰的论文答辩就是请他来参加的。国际与比较教育研究所的同人都把他当作自己的老师，非常尊敬他，怀念他。

滕先生平易近人，让我觉得尤为亲切。他常常讲，我们是忘年之交。他迁居北京以后，我们见面的机会就更多了。我差不多每年春节都去看他。他十分关心国家大事，尤其是教育界的事情。我们一见面总是谈论好几个钟头。后来他年事已高，较少参加外面的活动，但又非常关心教育界的动态，所以非常希望有人去看他。有几次他专门打电话给我，说非常想念我，希望我去聊聊。我们见面以后，我向他介绍最近教育界有什么动向，出了什么好的著作，告诉他教育界老朋友的状况。他则问长问短，有说不尽的话题，临别时总是依依不舍。我至今非常后悔，因为工作太忙，没能更多地去看他。

滕先生已经离开我们三年了，但他慈祥的容貌永远留在我的记忆里，他留下的宝贵教育遗产更是我们学习的资源，他的学者风范、道德文章永远值得我们学习。

（作于 2005 年 9 月 11 日）

06 /

俞芳

俞芳（1911—2012），女，浙江绍兴人，中学教师，曾任杭州学军中学副校长

鲁迅的小邻居

"文化大革命"期间我读完了《鲁迅全集》，觉得鲁迅有许多精辟的教育思想，便萌发了开展鲁迅教育思想研究的想法，并在 1979 年全国第一次教育科学研究规划会议上立了项。当时负责教育规划的是中央教科所的王铁。他宣布这次规划没有经费，"谁烙饼谁吃"。于是我只好自己动手搞起来。

一天，家里来了两位客人，一位是杭州大学教育系教师金锵（后任杭大副校长、教育史教研室教授），一位是杭州学军中学副校长俞芳。他们也是想研究鲁迅教育思想，专门到北京来访问鲁迅三弟周建人。我们见面，一拍即合，于是就合作起来共同研究。我们分了工，我研究并撰写鲁迅的教育实践和教育思想部分，他俩访问鲁迅健在的学生和认识鲁迅的人。经过两年的努力，终于在 1981 年鲁迅诞生 100 周年之际，《鲁迅的教育思想和实践》由人民教育出版社出版发行，封面请周建人题了书名。此书分为三部分：第一部分是鲁迅从事教育工作的实践部分，第二部分是论述鲁迅的教育思想，第三部分是鲁迅的学生忆鲁迅。前两部分的研究是否确当，大家还可以研究讨论。"鲁迅的学生忆鲁迅"部分是十分宝贵的回忆资料，有川岛、唐弢、冯至、许钦文、黄源、李霁野等的回忆内容，他们都是文坛的著名人士。这些鲁迅的学生在俞芳他们访问不久就相继离世了。此书我们在 2000 年夏天又进行了修订。俞芳、金锵又认真审读了一遍。新版增加了"鲁迅教育论著选编"，于 2001 年鲁迅诞辰 120 周年时出版。

俞芳是鲁迅的小邻居、小朋友。1923 年鲁迅与周作人决裂后，搬出了八道湾，搬到了砖塔胡同 61 号。房东就是俞芳三姐妹，当时俞芳才 12 岁。在那里，鲁迅虽然只住了 9 个多月，却完成了《祝福》《在酒楼上》《幸福的家庭》《肥皂》

等四篇小说，而且在和俞芳姐妹的交往中给她们留下了极为深刻的印象。后来鲁迅搬到阜成门内西三条胡同 21 号，俞芳与鲁迅一家仍有往来。鲁迅南下后，俞芳还经常去看望鲁迅的母亲鲁老太太，和鲁老太太聊天，帮助鲁老太太给鲁迅写信等。所以俞芳很了解鲁迅一家的生活。1981 年俞芳编写出版了《我记忆中的鲁迅先生》一书，讲述了她和鲁迅交往的故事，使我们认识到了鲁迅的另一面。大家都以为鲁迅是非常严肃的人，但从俞芳讲的故事中可以看到，鲁迅是一个非常有童心、有情趣的人。他经常给俞芳和她的妹妹讲故事，说笑话，送玩具，教她们学习，教她们讲科学。

我和俞芳、金锵合作以后，我们就成了忘年之交。俞老每年春天都要给我们寄来西湖的新茶。我们每次到杭州去，不可或缺的一件事就是去拜访俞芳老人。特别是 2001 年我受聘为杭州师范大学学术委员会主任以后，每年到杭州都会去探望她。她虽然年事已高，但不忘学习，了解国家大事、当前教育动态，每天都要看几份报纸。我去了，她总要与我讨论教育中的问题。我们还常常聊聊当年鲁迅家的故事，聊聊现在的时事、教育和家长里短，并且有好几次她留我在家里吃饭。2011 年春天，我和金锵在俞老家里为她庆祝百岁寿辰，十分欢乐。

俞芳还是我们北师大校友，她 1935 年毕业于北师大数学系，后来到浙江的中学任教。抗战期间，俞芳在艰苦的岁月里培养了许多爱国青年。小说作家金庸就是她的学生，曾写文回忆俞芳老师教书的情景。1995 年金庸到杭州还专门去拜访这位老师。新中国成立后，俞芳在杭州大学数学系、杭州大学附属中学（后来的学军中学）教书，曾任学军中学副校长。2011 年 7 月她百岁诞辰，学军

左起依次为金锵、周蕖、俞芳、顾明远

中学为她举行了庆祝百岁寿诞大会，金庸专门写了一首七绝，铭感俞芳老师的大恩：

　　　金戈铁马儿女情，百变千端合人心。

　　　代数几何符逻辑，细思其理感大恩。

金锵和俞芳切百岁生日蛋糕

　　我特地将俞老百岁诞辰之事报告北师大领导，北师大校友会还派人专程去祝贺并送了寿礼。周令飞和海婴的夫人也去参加了庆祝活动，可惜我们未能出席。第二年 6 月，俞芳不幸过世，享年 101 岁。斯人已逝，音容犹存，我们永远怀念她。

（原载《如梦集》，北京师范大学出版社，2022 年）

07 /

王承绪

王承绪（1912—2013），江苏江阴人，教育学家，浙江大学教育系教授，原杭州大学高等教育研究所所长、比较教育研究中心主任，联合国教科文组织亚太地区教育合作顾问委员会委员

博学笃行的学界楷模

我认识王先生是在 1980 年夏天编写新中国第一部《比较教育》教材的时候。1980 年春季，教育部邀请哥伦比亚大学师范学院比较教育专家胡昌度教授到北京师范大学教育系来讲学，同时举办了比较教育教师高级研修班共同听课和研讨。我当时担任北京师范大学教育系主任兼外国教育研究所所长，负责组织这次活动。一个学期的课程结束以后，研修班的老师们提出，我们应该编出一本比较教育教材，以便在教育系开设比较教育课程时使用。但是当时我们这批中年教师过去都没有研究过比较教育，于是就想着把老一辈比较教育学者请出来做我们的指导，第一位想到的就是王承绪先生，另外还有檀仁梅教授、朱勃教授。他们都欣然答应。在他们的指导下，经过两年的努力，我们编写出版了新中国第一部《比较教育》教材。

"比较教育"原本是师范院校教育系的一门课程，新中国成立以后，因为"一边倒"向苏联学习，这门课就被取消了。改革开放以后，我国教育界迫切希望了解世界各国教育发展的情况，于是提出有必要重建比较教育学科。教材建设是最重要的一步。胡昌度教授的讲座为我们打开了眼界，可惜他当时没有讲稿，讲课时介绍的比较教育论著也都是英美的出版物，无法直接用于本科生教学。于是，我们就有了上面讲到的编写自己的教材的想法。在这次教材编写过程中王先生和朱勃教授（檀仁梅教授因病中途退出了）带领我们认真地讨论了提纲；1981 年夏天王先生又在北京住了大半个月，冒着酷暑亲自修改各章稿件，这使我感受到他那种严谨治学的态度。

1983 年国务院学位委员会批准杭州大学和北京师范大学比较教育学科博士

授权点，并批准王先生和我为比较教育学科的博士生导师，我们的联系就多了起来。特别是头几批的博士研究生的论文答辩，我们都互相聘为答辩委员，参加研究生的论文答辩。论文答辩本来就像一次专题研讨会，因此这就成为我向王先生学习的最好机会。我虽然没有成为王先生的入门弟子，但在这整整 40 年的交往中向王先生学习了许多，也可算得上是王先生的编外弟子了。

王先生是我国比较教育的奠基人，他不仅指导主编了新中国第一部《比较教育》

王承绪先生荣获联合国教科文组织"亚太地区教育革新终身成就奖"

教材，而且主持翻译了许多比较教育的经典著作，如埃德蒙·金的《别国的学校和我们的学校》、康德尔的《教育的新时代》等；特别是他撰写了《比较教育学史》专著，梳理论述了比较教育学科发展的历史及各个学派的理论。作为我国第一批比较教育博士生导师，王先生40年来培养了大批人才。王先生为我国比较教育学科的理论建设和队伍建设作出了重大贡献。

王先生对国外高等教育有专深的研究，特别是对英国的高等教育研究更为深入。他的头几批研究生都研究英国高等教育，使浙江大学（当年的杭州大学）高等教育研究所成为研究英国高等教育的高地。比较教育研究领域十分广阔，从横向来看，有世界五大洲的国别教育、区域教育，从纵向来看，有各级各类教育和各种教育问题，研究这些问题需要多种语言能力的支撑，因此，一个研究机构不可能研究所有领域，必须从自身的优势和特点出发，选择几个重点领域，系统地、长期地研究下去，这样才能深入和全面。在这方面王先生的研究领域和研究特色给其他比较教育研究机构提供了借鉴。我和王先生交往40年，深深地被他博学笃行的精神所感动。

王先生博学多才。他熟谙中外教育经典，精通英语。他对高等教育有深入研究。虽然他发表自己的意见不多，但总是能抓住高等教育理论的前沿，介绍国外的理论和经验。特别令人钦佩的是，20世纪90年代，王先生已是耄耋之年，但他把主要精力放在翻译国外高等教育的名著上，先后翻译出版了克拉克·克尔的《高等教育不能回避历史》，伯顿·克拉克的《探究的场所——现代大学的科研和研究生教育》、《建立创业型大学：组织上转型的途径》和《大学的持续变革：创

顾明远（左）与王承绪（右）

业型大学新案例和新概念》等，主编了《国际高等教育政策比较研究》丛书，在高教界产生了很大的影响。

王先生勤奋好学。每次我请他到北京来参加博士研究生论文答辩，他一下飞机就直奔国家图书馆去查阅最新的图书资料。他平时也是手不释卷。每次我到杭州他的家里去看望他，总是见到他在看书——戴着那副高度近视眼镜，镜片几乎贴到书本上。2010年4月17日我和周蕖在徐小洲的陪同下到浙江医院去看望他，他正手捧《比较教育研究》杂志在阅读，案头还放着《教育学报》与《教育研究》等几本杂志，这说明王先生时时关心着教育理论界的动向。他的好学精神，使我们无比感动。

王先生平易近人，是年轻学者的良师益友。王先生是我们的长辈，我们都是他的学生，但他一点儿也没有学术权威的架子，在学术上平等地与我们讨论问题，在生活上无微不至地照顾我们。20世纪90年代他邀请我去参加研究生论文答辩，还多次亲自到机场去接我送我。他以耄耋之年去接一位比他年轻近20岁的学生，实在是让我羞愧难当，我再三劝说都没有用，只好铭记在心，把他爱护年轻人之精神作为我学习的榜样。

王先生出生在江苏张家港市南沙镇，说起来我们还是老乡。张家港市南沙镇在1958年以前属江阴县，后来设立张家港市才把它划过去。说到老乡，我们又多了一份亲近感，因此我和王先生成了忘年之交。我和周蕖每年到杭州去，总是要去看望他和他夫人赵老师。每次去都受到王先生和赵老师的热情招待，有时赵老师还亲自下厨招待我们。王先生和赵老师恩爱几十年，前年赵老师不幸走了，王先生的悲痛可想而知，我们也无言劝慰他。近年来王先生虽无大病，但年事已高，常年住在医院中休养。每逢过年过节，他都会回到家中，从来不忘给我们打电话，祝贺节日快乐。今年春节，又是一个远方的电话："你是顾老师吗？王老要给你说话。"于是王先生就滔滔不绝地和我说话，向我拜年，祝我春节快乐！一个近百岁的老人给我打电话贺岁，这不是倒过来了吗？我怎么承受得了？可是没有办法，因为王先生已经有点失聪，只能我听他说话，他很难听清我说的话，所以我无法主动向他电话拜年。我除了寄一张贺年卡以外，只能承受着王先生对我的爱。

（作于 2010 年 6 月 6 日，2024 年 7 月 17 日修改）

08 /

袁微子

袁微子（1913—1991），浙江桐庐人，小学语文教育家，曾任人民教育出版社小学语文编辑室主任、全国小学语文教学研究会理事长

小学语文教学一代宗师

　　1980 年夏天在大连召开了全国小学语文教学研究会成立大会，选举郭林为理事长、袁微子为副理事长，不知道怎么阴差阳错地把我选为常务副理事长，于是我就和小学语文教学结上了缘，更是和袁微子先生结上了缘。以后多次开小学语文教学研究会理事会时我们就会在一起。记得最亲密的一次是 1981 年在长沙开理事会，在湖南宾馆我们住在一起，本来是一个套间，为了工作方便，他住在外间，我住在里间。我虽然也当过小学教师，既教算术又教语文，但在新中国成立前那也只是为了混饭吃，并不知道小学语文教学的要领，更不知道小学语文教学的规律。新中国成立后，我到北京师范大学学习，到苏联留学，到小学实习，才对小学语文教学略知一二，但实在说不上有什么研究。因此参加会议我总是抱着学习的态度。长沙会议时，会长郭林同志因年事已高，身体欠安，未能出席。我作为常务副会长只好主持会议，但实际的研讨是由袁微子先生引领的。当时正值"文化大革命"以后的拨乱反正时期，新的教学计划和语文课本刚刚出版。新的教学计划怎么把握，新课本如何教学，大家还很迷惘，需要专家的指引。袁先生起到了无可替代的作用。许多老师不仅在会上研讨，而且会后来向袁先生请教。每天晚上套间的外屋不断有老师来访，所以袁先生都得不到很好休息。有一次，我一觉醒来，看到袁先生还在工作。可能为了解乏，袁先生手指头上总是夹着一支香烟，桌上也放着一杯浓茶。

　　那次长沙会议可以说是小学语文界的一次盛会，小学语文教学界的老中青会聚在一起，有南京的斯霞老师、北京的霍懋征老师、上海的袁瑢老师，李吉林老师那时还只能算是中年教师，还有一批师范大学的小学语文教学专家。会议热闹非凡，也有许多争议，有主张集中识字的，有主张分散识字的；有主张以作文为中心的，有主张以阅读为中心的；李吉林则推出了情境教学的实验。大家本着"百花齐放，百家争鸣"的精神，互相学习，互相借鉴，会议在袁先生的引领下开得非常成功。

对我来说，和袁微子先生在一起学习了许多语文教学的知识。袁微子先生学识渊博，经验丰富，对小学语文教学有着深入的研究和精辟的见解。他以马克思主义唯物辩证法为指导，认为小学语文教学首要任务是育人，是立德树人。他还认为语文既是交流的工具，又是文化的载体，小学语文教学的任务是既要让学生掌握语文的基本知识和技能，又要理解课文的文化内涵。语文教育界常常有工具论和文化论之争，通过向袁先生学习，我认识到这两者是不可分的。语文是交流的工具，只有掌握语文的基本知识和技能才能准确地表达自己的思想感情。但是，语文只是思想的外壳，每篇课文总会有思想感情的内核，只有理解了这些内核，才能更好地掌握运用语文的技能。语文教学就是通过对课文的分析理解来掌握语文的知识和技能的。语文还是传承文化的重要载体，弘扬中华优秀传统文化，学习语文是不可或缺的途径。因此，要把语文教学的工具性和文化性结合起来。掌握工具、传承文化、立德树人，成为语文教学不可分割的任务。为此，编写好小学语文课本，选择优秀的范文就十分重要，袁微子先生在这方面作出了突出贡献。

袁微子先生是继叶圣陶、吕叔湘先生之后的小学语文教学的一代宗师。他在小学和中学直接从事语文教学多年，又在人民教育出版社编写小学语文教材

袁微子先生

30 多年。他为我国语文教学的发展作出了巨大贡献。今天我们来纪念他 100 周年诞辰，我们要认真学习他的语文教学的理论，继承和发扬他辛勤耕耘、诲人不倦、为教育事业献身的精神。《一代宗师——袁微子先生诞辰百年纪念》的出版，为我们向袁微子先生学习提供了很好的资料。承蒙编者约我写序，正好给我提供了缅怀袁先生的机会。正是不尽之思，是为序。

（原为《一代宗师——袁微子先生诞辰百年纪念》一书序，作于 2013 年 10 月）

09/

陈元晖

陈元晖（1913—1995），哲学家、心理学家、教育学家，曾任东北师范大学教育系系主任、中国社会科学院研究员

要当教育家，不做教书匠

　　陈元晖先生是我的老师，虽然我不是他直接的门下弟子，但他确实是我的老师。还是在 1962 年，北京师范大学办了一期中国教育史研究班，邵鹤亭、毛礼锐、陈景磐、陈元晖就是这个研究班的老师。当代教育史学界著名学者王炳照、陈德安等都是这个班的研究生。我当时刚从师大附中工作 4 年后回到教育系任教。因为我早年留学苏联，在国内教育系没有读完课程，特别是没有学过中国教育史，感到要补上这门课，于是抽空就到中国教育史研究班去旁听，听了陈元晖先生讲中国近现代教育史，后来又认真拜读了他的专著《中国近现代教育史》，对中国教育史有了初步的了解。

　　"文化大革命"以后我们有了更多的接触。中国社会科学院成立以后，陈元晖先生在社科院哲学研究所工作，但他对教育时时关心，并继续从事教育理论的研究。为了发展教育科学，他与当时的中国社会科学院副院长于光远同志一起，在社科院召开了几次教育座谈会。我当时任北师大教育系主任，他就邀请我参加。我当时年轻气盛（其实也不算年轻了，已近 50 岁了），在座谈会上总要发表点奇思妙想，陈元晖先生不但没有批评我，还支持我、鼓励我。我当时说，我国对教育科学不够重视，养猪的有畜牧研究所，种烟草的有烟草研究所，培育人的却没有教育研究所；各行各业都有学会，连钓鱼都有协会，从事教育工作的上千万教师却没有教育学会。我强烈呼吁恢复中央教科所，成立教育学会。于光远、陈元晖非常支持我的发言，并决定开一个教育界的大会来呼吁国家和社会重视教育，陈元晖推荐我在大会上发言。那就是 1978 年秋天在公安部礼堂召开的千人教育工作者大会。与此同时，当时的教育部领导董纯才、张健等同志也在竭力为恢复中央教科所和成立中国教育学会向中央报告，得到邓小平同志的支持，中央教科所很快得以恢复，中国教育学会也在 1979 年成立。陈元晖先生和我都成为中国教育学会第一届理事会的常务理事。

1980 年我国建立学位制度，国务院学位委员会成立了学科评议组评审硕士、博士授权单位和专业，评审博士生导师的资格。陈元晖先生就是最早的教育学学科评议组成员。1983 年教育学学科评议组一届二次会议我也忝列评议组成员，于是我和陈元晖先生的交往就多了起来。他为人耿直、学风严肃，在学科评议组会议上，总是秉公办事，对学术问题一丝不苟，总会直截了当地提出自己的意见。

陈元晖先生是北师大教育系的兼职教授，经常到教育系来讲课，帮助指导博士研究生，参加博士研究生的答辩。我向陈先生学习了许多知识，特别是学习了他为人治学的精神。陈元晖先生学识渊博，精通哲学、教育学、心理学。他治学严谨，在教育研究中坚持马克思主义的立场和方法；在中国教育近代史研究中对帝国主义的文化侵略作了深入的剖析；对革命根据地、抗日根据地的教育研究满怀热情，深入探讨，在《中国近现代教育史》中对新民主主义教育的形成和发展作了深刻的论述。陈元晖先生晚年患病在家，但仍然念念不忘中国的教育事业，我们去看望他，所谈话题依然是教育，其精神值得我们永远学习。

（原载《站在孩子的视角谈教育》，天津教育出版社，2014 年）

10/

刘佛年

刘佛年（1914—2001），湖南醴陵人，哲学家、教育家，曾任华东师范大学校长、国务院学位委员会教育学学科评议组召集人

崇教爱生　润物无声

　　想起刘佛年教授，在我脑海中出现的第一形象是一位谦和的学者，默默地自己在读书，默默地在指导学生读书。"润物细无声"正切合刘老育人的风格。刘老是我国老一辈著名教育家、教育学家，曾任华东师范大学校长，第一批博士研究生导师，培养了大批人才，可谓桃李满天下。但他却是那样的谦和，那样平易地对待学生、对待青年。正是"润物细无声，桃李自成蹊"。

　　20世纪60年代初，他在北京主持编写中国的《教育学》，我曾见过他一面。但当时未能有机会向他请教。"文化大革命"以后我担任北师大教育系主任，想请学者来讲学，第一位想到的就是刘佛年教授。1979年春天，正值中国教育学会成立大会和全国第一次教育科学研究规划会议在北京召开。刘老从上海赶来参加会议，我们就把他请到教育系，与一部分教师座谈。我们向他请教，教育系怎么办。他谈了许多精辟的见解。其中有一条，他认为，从教育系的培养目标（中师教师、教育研究者、教育行政人员）来看，教育系最好招收有过教学经验的教师来学习，应届高中毕业生缺乏教育实践，难以学懂教育理论。当时我还有一点不同想法。我认为，当过教师的往往只是中师毕业生，科学文化知识基础太薄弱，难以胜任将来的教育研究工作。但是后来我越发感到刘老的意见是对的，我们教育系在"文化大革命"后招收的第一、二届学生大多经过知青上山下乡的锻炼，有的当过几年教师，他们都有丰富的实践经验，对教育理论就比较容易理解，现在他们大多数成了教育理论研究或教育管理部门的骨干。而刚出高中校门的应届毕业生读教育学就困难得多。从多年的实践来看，教育系的理论课程最好放到研究生阶段去学习，即在学生有了较宽广的科学文化知识和一些教育实践经

第二届国务院学位委员会教育学学科评议组成员合影
前排左起依次为胡克英、张瑞璠、陈元晖、刘佛年、潘懋元，后排左三为顾明远

验再学教育理论会更好些。

20 世纪 80 年代以后，我和刘老接触更多了，或是到中国教育学会开会，或是在国务院学位委员会教育学学科评议组评审博士、硕士授权点，或是参加各种座谈会，我们经常碰面。在 1983 年教育学学科评议组会议上，华南师大申请物

理教材教法研究硕士点授权，申请表送到物理学学科评议组，物理学学科评议组召集人谢希德教授认为该申请应送到教育学学科评议组评议。当时首都师大也提出了教材教法研究硕士点授权申请。刘佛年当时是教育学学科评议组召集人，他就提出，这门学科对培养教师很重要，应该给予硕士授权，但北师大、华东师大的这门学科更有实力，虽然这两个学校没有申报，但应该把这两个学校也列入硕士授权点。于是从那年开始，北师大、华东师大、首都师大就获得了教材教法（全种）研究硕士点授权，华南师大获得了物理学教材教法研究硕士点授权。会后在制定教育学研究生专业目录时，在刘佛年教授领导下，教材教法研究就改为学科教学论了，提高了该学科的学术水平要求。

刘佛年老师是那样谦和、民主、宽容。我从来没有见过他发表鸿篇高论，他没有气势压人的霸气，但轻轻几句话却总是给人一种沉甸甸的感觉。记得 1990 年在成都召开中青年教育理论工作者研讨会，邀请刘老出席指导，那时他已年近 80，但仍欣然应诺前往。当时会议主题是教育的功能问题。与会代表认为，教育除了具有政治功能、经济功能外，还应该具有发展人的功能。当时社会上正在批判"人本主义"，对教育发展人的功能的讨论，大家思想上有顾虑。刘老说：谈教育怎么能不谈到人呢？短短的一句话，拨开了大家的疑窦。

1985 年中国教育学会在武汉召开第二次全国学术研讨会。张承先会长认为中国教育学会应该为广大教师做点什么，提议编写一部教育大辞典，供广大教师学习参考，得到大家的积极响应。编纂这样大型的学术性工具书，本应由教育界最有权威的刘老担任主编。但他说自己老了，要年轻一点的人担任，他竭力推荐我来担任。而我深感自己学术水平不高，才疏学浅，又没有老一辈学者的威望，不堪胜任，希望刘老能出任主编，我可以做他的助手，帮助他做一些组织工作。但他极力地鼓励我，支持我，并对辞典编纂的方针、原则提出了具体的建议。那天晚上讨论到深夜一点钟，我在他的热情鼓励下，终于鼓起勇气承担了主编的任务。在后来十多年的编纂过程中，刘老给了我们很多帮助。大到体系的安排，小到某个词目的释义，我们都会去请教他。可以说，这部大辞典能够顺利出版，是在以刘老为总顾问的所有顾问的关怀下完成的。

刘老治学严谨，他很有好学精神，是年轻人的榜样。他虽身为校长，但从来没有忘记读书，没有忘记了解国际教育的新动向。有一年我到华东师大外国教育研究所资料室查阅资料，发现每本外文书后面都有刘老借阅过的记号，不仅惊讶不已，而且从心里产生出一种钦佩之情，同时也感到很羞愧，深感应向刘老学习。

刘老对青年人爱护备至。我是他的学生辈，但我每次去看他，他总把我当客人对待。他夫人王老师总要拿出点心来，还要请我吃饭。有一次我到上海住在上海师大招待所，他与夫人竟然到招待所来看我，送我礼品，使我深感不安。

刘老是我国教育界的学术泰斗，但他虚怀若谷，平易谦和。他的道德文章永远值得我们学习。

（原载《师表：怀念刘佛年》，华东师范大学出版社，2004 年；2024 年 10 月 30 日修改）

11 /

张承先

张承先（1915—2011），山东高青人，教育家，曾任教育部党组书记、常务副部长，中国教育学会会长

教育人生的引路人

承先同志离开我们走了，走得好像很安详。他有病住院已经六年，每逢过年过节我们都去看望他。去年春节前去看望他，他神志还很清醒，知道我们去了很高兴，唱《东方红》给我们听。今年春节前我们本来想早点去看他，因为我临时有事，晚了一天。当我们去的时候他已经走了，就在我们到达之前半小时走的。我们感到十分遗憾。96 岁已是高龄了，但我们总感觉失去了一位长者，很悲痛，这是教育界的一大损失。特别不容易的是他的夫人朱慧同志今年已有 92 岁高龄，但在医院一直陪着他，真是了不起的女性。

承先同志是我国老一辈教育家，长期在教育战线上工作。从教育部领导岗位上退居二线后，又在全国人大担任教科文卫委员会副主任委员，兼任中国教育学会会长。我就是在他担任会长以后才认识他的。我曾担任中国教育学会第一届常务理事、第三届副会长，还是 1983 年中国教育学会学术委员会成员，于是就有机会和承先同志一起开会，听到他对教育工作的意见和受到他亲切的教导。他从事革命工作几十年，为我国革命和建设作了很多贡献，我只能通过回忆从认识他以后，在中国教育学会工作中亲身感受到的几件事来纪念他。

承先同志十分关心我国教育事业的发展，他把学会的学术活动与我国教育实际结合在一起，紧跟时代脉搏，提出了许多教育改革和发展的重要思路和见解。1983 年国庆节前夕，邓小平同志为北京景山学校题词："教育要面向现代化，面向世界，面向未来。"承先同志率先带领学会学习和讨论这个重要指示，认为这个题词不仅是给景山学校的，而且为我国的教育改革和发展指明了方向，有着重要的意义。

1990 年，承先同志多次组织专家学者讨论我国新时期的教育方针，讨论我国普及义务教育等问题。我就参加过好几次这样的会议。他在担任全国人大教科文卫委员会副主任委员期间，主持《中华人民共和国义务教育法》的制定。他特别关心教育经费的投入问题，认为有了经费的保障，教育才能发展。为此，他一直为增加教育经费的投入而呼吁。

承先同志非常重视基层工作，重视基层创造的经验，他经常到各地去考察教育。邓小平"三个面向"题词发表后，他深入上海调研；为了制定《中华人民共和国义务教育法》，他走遍了东西部地区，特别是到西部贫困地区调研。他在凉山彝族自治州召开座谈会，下到基层去看学校，听取意见。他在调研的基础上提出，贫困地区落实《中华人民共和国义务教育法》，发展教育事业，必须与当地"脱贫致富"结合起来。为了克服片面追求升学率的弊端，推广素质教育，1989 年，承先同志与国家教委副主任王明达组织了一个克服片面追求升学率的对策小组，多次邀请我参加会议。1984 年，他建立了山东烟台教改实验区。1997 年 9 月，在烟台召开了全国中小学素质教育经验交流会，82 岁高龄的他在会上作了烟台实验区的工作报告，在全国产生了很大的影响。我在接任中国教育学会会长工作以后，建立教改实验区，就是继承他的思想和工作。

承先同志十分重视对青年学者的培养。中国教育学会各种学术会议的讲台往往被知名的学者所占据，青年学者很难有机会发表自己的学术见解，他们迫切要求成立一个组织，有自己的讲台。但在 20 世纪 80 年代末的形势下，有的领导不放心。承先同志却很开明，有远见，认为青年是我们的未来，教育科学的繁荣要靠他们，因此派我联系中青年理论工作者。我就每年组织并主持一次中青年教育理论研讨会，团结了全国一大批中青年理论工作者。1993年，中国教育学会批准成立了中青年教育理论工作者专业委员会，承先同志交给我的任务总算圆满完成了。这批中青年教育理论工作者现在都成了科研机构和师范大学的骨干，担任着院长、校长等职务，为繁荣我国教育科学作出了贡献。

承先同志作风民主，平易近人。他是教育界的领导，但他从不盛气凌人，总是虚心倾听不同的意见。在讨论新时期的教育方针时，有的同志对

张承先先生

"教育为无产阶级政治服务，教育与生产劳动相结合"理解不到位。承先同志虽然有不同的意见，但不是简单地否定别人的意见，更不是批判，而是指示在《中

国教育学刊》上发表文章，引导大家讨论。

　　我和承先同志最密切的接触是从编写《教育大辞典》开始的。1984年在一次开会期间，承先同志的秘书郭永福对我说，承先同志想为教师编一部教育辞典，希望我能参加，我当时就答应了。1985年11月5日至9日，中国教育学会在武汉召开第二次全国学术研讨会，承先会长和吕型伟副会长找到我，要我担任《教育大辞典》的主编。当时我很惊讶，原以为是做承先同志的助手，帮助他编

顾明远（左）与张承先（右）

纂这部大辞典，不料要我来担任主编。我觉得自己不能胜任，建议还是由承先同志任主编，或者由刘佛年副会长担任，我来协助。那天刘佛年教授也参加了，他们一致要我来承担这项工作，我再三推辞。但是他们情真意切，说他们都年事已高，这项工程浩大，需要年轻一些的同志来主持。当时我正担任北京师范大学副校长，他们认为这也是一个很好的条件。会议一直开到半夜一点多钟，我觉得不能再推辞了，只好答应下来。谁知道这项工程一干就是 12 年，直到 1998 年才完成。

承先同志担任了《教育大辞典》的领导小组组长，他为大辞典制订了编纂方针。他提出，大辞典要做到"大、齐、新"，既要把古今中外熔于一炉，更要反映教育科学发展的最高水平，同时要结合我国教育实际，反映我国教育经验。在他的指导下，《教育大辞典》分卷本 12 卷于 1992 年完成。按照辞典的编写要求，需要把分卷本合起来。承先同志又提出，合卷本不能简单地把条目合起来，应该"再创造、高质量"。在他的指导下，我们制定了增删并改的方案，又经过 6 年的时间，才完成了《教育大辞典》（增订合编本）的编纂出版工作。

2000 年中国教育学会换届，早在两年以前，承先同志就希望我接替他的会长工作，我一直没有答应。我列举了三条理由：第一，我没有前两届董纯才、张承先会长的威望；第二，我在学术上缺乏成就，在同辈学者中，有许多学者比我有成就，我担任会长有负学术界的期望；第三，我没有在教育部担任过任何职务，与部里领导很少接触，中国教育学会是由教育部直接领导的群众学术团体，我担任会长，不容易更好地依靠部领导的领导和帮助。承先同志开始也觉得我说得有道理，因此决定再物色其他人选。谁知两年以后承先同志又找我，一定要我担任，并且说，与部领导的联系不会有问题，陈至立部长已经表示了，有事可以直接找她！承先同志一再表示，他年事已高，不能再干了。他教育我："思想不通，组织也得服从。"我看他真有点急了，只好答应下来。本来想干一届就下来，谁知一干至今已10年。我也遇到承先同志当年的情况了。时光易逝，真令人感叹不已！

从我与承先同志的接触中可以看到，我是在承先同志一手教育和提携中成长起来的，他是我教育人生的引路人。中国教育学会从成立开始就是我成长的家园，承先同志是这个家园的长者、家长。我国许多教育战线的教师都曾经在这个家园中、在他的呵护下成长。今天我们的长者和导师走了，我们为失去一位好老师而悲痛，为教育界失去一位领导而哀悼。

（原载《中国教育学刊》，2011年第3期；2024年10月30日修改）

12/

于光远

于光远（1915—2013），哲学家、经济学家、曾任中国社会科学院副院长、马克思主义研究所所长、学部委员

教育思想解放的第一人

　　于光远，我国著名哲学家、经济学家，我国改革开放的参与者和亲历者。"文化大革命"后，于光远非常重视教育改革和恢复教育秩序。作为中国社会科学院副院长，于光远主持召开了多次教育改革座谈会。我当时任北京师范大学文科处处长，被邀请参加了这些座谈会。这是我与于老的第一次亲密接触。他在座谈会上提出，在教育这种现象中，虽然有上层建筑的东西，但不能说教育就是上层建筑。他还在《学术研究》1978年第3期上发表了《重视培养人的研究》一文。他的讲话像一颗重磅炸弹引起了教育界的极大震动，从而展开了一场关于教育本质的大讨论。讨论以《教育研究》为主阵地达10年之久。这次关于教育本质的大讨论是解放思想的一部分，是在"实践是检验真理的唯一标准"的思想路线指导下教育界的一次思想解放运动。在座谈会上，我曾提出要开展教育研究的问题。我说，各行各业都有研究所、研究会，养猪的有畜牧研究所、种烟草的有烟草研究所、钓鱼的有钓鱼协会，为什么教育没有研究所、没有教育学会，我呼吁成立中国教育学会。社科院陈元晖先生认为我的呼吁很重要。当年秋天，社科院联合各界在公安部礼堂举行千人教育工作者大会，陈元晖就推荐我在大会上发言，呼吁建立中国教育学会。

　　于老在改革开放初期大声呼吁要重视教育，强调教育科学研究的重要性。他在1979年《教育研究》第3期发表的《关于教育科学体系问题》一文中说："教育科学怎样为四个现代化服务呢？……作为教育科学，作为教育科学家为四化服务，就离不开建立和发展教育科学，就离不开在教育指导思想方面做出贡献，就离不开教育科学去积极参加教育领域的各项实践。"于老对教育有深入的研究。

于光远先生

他认为，教育科学可以分为两大门类，一是把教育主要作为一种社会现象来加以研究的科学，把它叫作"教育社会现象学"；二是把教育作为一种认识现象来研究的科学，把它叫作"教育认识现象学"。他认为，教育作为社会现象，其中有上层建筑的东西，但是不等同于上层建筑。把教育作为认识现象来研究，属于认识论研究的范围，就是平常大家讲的教学论方面的内容。他还深入研究教育认识现象学中的几个基本要素。他说，教育不只是认识主体和认识对象之间的关系问题，除了受教育者和环境之外，还有一个教育者在起作用。教育者对受教育者施加影响，还要利用各种物质手段和精神手段施加于环境，教育者通过环境对受教育者发生作用。教育过程是这样一个三角关系：教育者、受教育者、客观环境在发生相互作用。教育认识现象学就要深入研究三者之间的关系。他把它叫作教育三体论，他还对三者作了详细的论述。他对教育的精辟论述至今仍对教育科学研究有指导意义。

我与于老第二次密切接触是在反对特异功能的活动中。20 世纪 70 年代末，什么耳朵识字等所谓人体特异功能的宣传和言论，甚嚣尘上。周建人、叶圣陶等学者就站出来反对，认为这是一种反科学的把戏。于光远是科学界反对人体特异功能最强烈的人，他认为这是一种伪科学。他组织了多次座谈会讨论这一问题，我曾被邀请参加座谈会。记得有一次在人大附中召开座谈会，还请了一位魔术师来表演，说明有些人体特异功能不过是一种魔术而已。于老还在《自然辩证法通讯》小册子里报道反对人体特异功能的活动。

我与于老第三次密切接触是在 21 世纪之初的一次智慧教育研讨会上。张家港市人大常委会副主任顾秉钧是一位离休老干部，曾支藏 14 年。离休后他十分关心下一代教育，他认为，教育是促进学生智慧的发展，于是成立了智慧教育研究所，在几所中小学开始实验。2002 年 4 月 15 日在张家港召开了全国智慧教育学术研讨会。会议邀请了于老、何祚庥院士和我。于老非常赞同智慧教育，他说，教育学就是聪明学，就是让孩子变得聪明。会上讨论了教育改革的问题。他也很赞成我提出的终身教育。2004 年第二次全国智慧教育学术研讨会在张家港召开，于老和我又参加了。此后在北京还召开了智慧教育学术研讨会和小型座谈会，我们都参加了。

于老既是著名的哲学家、经济学家、教育学家，又是中央顾问委员会委员，但他平易近人，和我们都谈得来。他学识渊博、思想敏锐、勤于写作。他朴实简约，讲话也是直截了当。他在会上说，发言最好限于 5 分钟，5 分钟足以把主要思想讲出来。他热爱教育事业，关心下一代的教育，多次写文章讨论教育问题，出版了《我的教育思想》一书。我曾多次听他说："我宁可叫我教育学家"。他晚年虽然身体欠佳，但一直在思考教育。有的手稿他曾打印了让秘书送给我。我手头就有《讲一点"教育的教育"重要性》《"应试教育"中的一场官司》《在发展教育产业与扩大内需理论研讨会上的发言》《坚决走出应试教育的误区》等文的打印件，最后一篇后面还注明"1999.6.17于飞机上"，可见于老时时在思考教育。我和于老多次接触，受到很大的教育，他是一位真正的大先生。

（作于 2024 年 7 月 26 日）

13/

方明

方明（1917—2008），江苏无锡人，曾任全国教育工会主席、中国陶行知研究会会长

陶行知教育思想的践行者

　　方明，一位 20 世纪 30 年代参加革命的老同志，曾在上海追随陶行知，创办了"流浪儿工学团"，参加抗日救亡运动。新中国成立后，曾任全国教育工会主席、全国人大代表、全国政协委员、中国陶行知研究会会长。我和方明同志相识，是在 1964 年世界科协北京中心举办的北京科学讨论会上。在这次会议的教育组中，北师大党委第二书记程今吾是代表，方明和我是列席代表。从此我和方明有了交往。1986 年全国教育工会换届，我当选为全国委员会常务委员，于是又在方明同志领导下开展教育工会工作。

　　方明同志工作严肃认真。他十分关心我国教育的发展和广大教育工作者的权利。他曾参与过《义务教育法》《教师法》的制定工作。为使尊师重教成为社会风尚，他积极呼吁设立教师节。记得 1985 年春节前，他和我以及几位教育界同人共同给《光明日报》写信，倡议全国春节前后开展各种尊师活动，并希望各级政府领导在春节期间去向教师拜年。这封信发表在《光明日报》1985 年 1 月 17 日的头版。他积极倡导在学校建立以教师为主体的教职工代表大会制度，以发扬学校民主管理，维护教职工权利。他到全国各地演讲，宣传他的主张。他的演讲充满激情，一口无锡口音，非常有震撼力、感染力。我曾经请他到北师大来讲演，介绍学校建立教职工代表大会制度的意义和作用。北师大教职工代表大会制度也就是在这个时候建立的。

　　方明同志是陶行知先生的学生，他把宣传和践行陶行知先生教育思想作为毕生的事业，他编写出版了《陶行知全集》，恢复出版了《生活教育》杂志，撰写了不少文章，宣传陶行知教育思想。他积极筹备成立中国陶行知研究会。1985 年

顾明远、方明教师节在《光明日报》发文

9月5日，终于在全国政协礼堂召开了成立大会，同时还成立了陶行知基金会。时任国务院副总理李鹏，陶行知的学生刘季平、董纯才、张劲夫、张健等参加了会议。我和方明也参加了这次大会。刘季平当选为中国陶行知研究会第一届理事会会长，方明当选为副会长（后来任会长），我当选为常务理事。此后，在中国陶行知研究会的活动中我们常常见面。

方老秉承陶行知的"爱满天下""捧着一颗心来，不带半根草去"的精神，奔走于全国各地，宣传陶行知生活教育思想，寻找实践典型。他曾经总结了山西省风陵渡前元庄教育经验，在北京召开了多次座谈会，我都受邀参加了。2002年8月，全国深化农村教育改革呼兰现场研讨会在哈尔滨市呼兰县召开，我和方老都参加了。我们在黑龙江省副省长王佐书陪同下访问了呼兰县农村的学校，参观了学校实践陶行知生活教育思想的成果，参观了实施劳动教育的生产基地和学生的活动。

方老认为，我国教育需要改革发展，要遵循陶行知的教育思想，把教育与生产劳动结合起来，向社会学习。他像陶行知一样，特别关心农村教育。在 20 世纪八九十年代，我国工业化尚未完成，解决农村问题，需要培养既有文化，又有劳动技能的农业人才。因此，教育需要和农村的生活实际相结合。他特别赞赏前元庄的经验并积极推广。陶研会在他领导之下，多次召开农村教育和进城农民工子弟教育研讨会。他对陶行知教育思想的痴迷与执著，着实令人感动。他曾多次向温家宝总理写信，汇报推广陶行知教育思想的经验和对教育改革的建议。每次他都把写给总理的信的复印件寄给我，这是对我的无限信任。

方明同志生活简朴、待人诚恳。他大我一个生肖年，我们可以说是忘年之交。我们有共同的理想，就是弘扬和践行陶行知教育思想，用大爱的精神，把教育办成"千教万教教人求真，千学万学学做真人"，培养具有祖国情怀、理想信念、真实本领的社会主义建设人才。我们经常在一起讨论教育问题，讨论陶研会、《生活教育》杂志的工作。方老多次到我家来讨论陶研会的工作。他是我的前辈，按道理我应该上门去拜访他，但他总是坚持要到我家来。他在耄耋之年从北京西城的宿舍到东城崇文门我的住所，要乘坐地铁 1 号线转 2 号线，要过八九个站头。他是一名离休高级干部，本来有资格坐公车，但他出门从来都是乘坐公共交通。我非常担心他的安全，但他的这种艰苦朴素的平民作风，着实令人钦佩

方明在创作书法作品

和尊敬，是我们后辈学习的榜样。

方老离开我们已14年了，今年是他诞辰105周年，我们永远怀念他。

（原载《民主》，2022年第3期）

14/

卢乐山

卢乐山（1917—2017），女，湖北沔阳人，幼儿教育家，曾任全国妇联副主席、北京师范大学教育系学前教育教研室主任

中国幼儿教育拓荒者

卢乐山先生是我国教育界的老前辈，我是她的晚辈，虽然无缘成为她的学生，但我们在北京师范大学教育系共事 40 多年，我直接或间接地向她学习了许多东西。

幼儿教育是人生最重要的一段教育。在我国古代，人们是很重视幼儿教育的，有许多幼儿教育读本说明了这个问题，例如，《小儿语》《弟子规》《幼学琼林》。虽然其中有些内容不免有封建色彩，但它们强调重视幼儿教育，而且有些内容今天仍有价值。例如，《小儿语》一书分四言、六言、杂言三章，教育幼童须有良好的思想、品德和言行；又如《幼学琼林》内容丰富，有天文地理各种常识。现代人更重视早期教育，"从零岁开始"已经成为大家的共识，但是如何进行科学的幼儿教育，不是所有父母都知道的。幼儿教育可以分为幼儿园教育和家庭教育两部分。新中国成立以后，学前教育得到党和政府的高度重视，发展也很快，但还没有被纳入义务教育范围，而不少发达国家已经把学前教育的最后两年纳入义务教育。我相信，经济发达以后，在财力许可条件下，我国迟早也会把它纳入义务教育的。而我国对幼儿家庭教育却关注得不够，没有机构来指导。许多父母不懂幼儿成长发展规律，不会用正确的教育方法来教育幼儿，从而影响了幼儿后来的发展，这是很令人担忧的。

卢乐山先生早年就认识到幼儿教育的重要性，青年时代就投身于幼儿教育事业，在幼稚园工作多年，有丰富的经验；后来又领导北京师范大学学前教育教研室的工作，为新中国培养了一大批学前教育工作者，为学前教育的学科建设作出了重要贡献。卢先生对于学前教育学术造诣甚深，尤其是对蒙台梭利的理论有深

卢乐山先生

入的研究，可以说是她较早地把蒙氏理论较为详细地介绍到了中国。

　　卢先生为人谦和，胸怀宽厚。新中国成立之初，她积极响应祖国号召，毅然舍弃国外优越的条件回到祖国，为新中国的幼儿教育艰苦奋斗，实在令人钦佩。我国改革开放以后，卢先生已年逾花甲，但她仍然抓住大好时机，笔耕不已，关心学前教育，关心家庭教育，活跃在幼儿教育的舞台上。

（作于 2017 年 6 月 10 日）

15/

吕型伟

吕型伟（1918—2012），浙江新昌人，教育思想家、革新家，曾任上海市教育局副局长，中央教科所教授，国家教委教育发展研究中心客座研究员、咨询委员

教育思想家、革新家

今天我们在这里聚会庆祝吕型伟老师 90 华诞。首先让我代表教育学会，特别是代表我自己向吕老及师母表示最热烈的祝贺，感谢吕老为我国教育事业作出的巨大贡献，祝愿二老健康长寿，万事如意！

这是一次教育界的盛会。吕老是我国老一辈教育家，从 17 岁开始从教，在教育园地耕耘 70 多年，见证了中国教育的百年变迁。他对教育的认识有三句话：

教育是事业，其意义在于奉献；

教育是科学，其价值在于求真；

教育是艺术，其生命在于创新。

说得多么精辟、多么深刻。吕老一生就是在践行这三句话，而且作出了卓越的成绩，为我国的教育事业作出了巨大贡献。

吕老是我国最富有经验的教育实践家，他担任过小学教师、中学校长、教育局副局长，从事过教育研究工作。他的这三句话就是在丰富的教育实践中总结出来的教育真谛。没有丰富的教育实践是不可能对这三句话有深刻理解的。吕老 70 多年来，从来没有离开过学校的实践。他从上海市教育局副局长岗位上退下来以后，又立即投入教育科学研究中，从"八五"科研规划到"十五"科研规划，带领全国几十所中小学开展面向未来的综合教改实验。他从南到北，从东到西，走访了我国各地的许多中小学校，具体指导这些学校的教育改革。他给中小学老师作报告，每场都是妙语连珠，掌声不断。这是因为他有丰富的教育实践经

前排左一顾明远，左二吕型伟，左四刘佛年，右二潘懋元；后排右四胡德海，右五王逢贤

验，举的例子、说的道理都贴近老师，说到了老师们的心坎上。我每次听他的报告，也总有很多收获，而且百听不厌。

　　吕老不仅是一名教育实践家，而且是一名教育思想家。他在教育实践中不断地思考教育问题。首先他研究儿童的特性。2004 年出版的他的从教散记，他自己起的副书名叫"从'观察蚂蚁'到'研究人'"。他说："我从小喜欢研究蚂蚁，后来从事教育工作，就开始观察和研究人的特性了。"其次他研究如何才能发展儿童的潜能，非常重视脑科学的研究。他说："人们只知道有金矿、银矿，却不知道还有一个深不可测的、比金银更宝贵的'脑矿'。"他还很重视被科学家称为第二大脑的手。"就是这两个器官，使人类与其他动物拉开了差距，值得我们好好研究。"研究儿童是每一位教育工作者的基本功。

吕老在工作中不断思考，不断研究，有许多精辟的教育思想，这些思想总是站在教育界的前沿，指导着教育实践。例如，他老早就提出发展学生的智力问题；改革开放不久，他总结"文化大革命"前17年的教育，认为有成功的经验，但还有不足，存在着忽视孩子们才智发展的缺点；1985年他提出重视第二课堂问题，认为儿童的发展不只是课堂教学的结果，而且受到课外活动、校外生活的影响。当时我不太同意他关于第二课堂的提法，吕老就把它改为第二渠道。其实他的思想我是完完全全同意的。邓小平同志为北京景山学校题词"教育要面向现代化，面向世界，面向未来"以后，吕老首先响应，在中国教育学会张承先会长和他的主持下，中国教育学会多次召开研讨会，学习"三个面向"的指示精神，研究贯彻落实的举措。他自己身体力行，立即组织研究课题，在中小学开展以"三个面向"为指导的综合改革实验。吕老的教育思想集中在一点上，就是培养创新人才。研究儿童也好，重视第二渠道也好，动脑动手也好，都是为了让儿童的潜能得到充分的发展，从而成长为创新人才。

他认为，教育首先要把所有儿童培养成人，然后才是培养成才。培养成人就

吕型伟先生

要重视思想品德教育，从小养成良好的思想品德和行为习惯。在这方面家庭教育起着重要的作用。他说，我国的家庭教育有非常丰富的好经验，可是近些年来家庭教育观念淡化了，好像教育就是学校老师的事。因此，要把家庭教育和学校教育结合起来，把孩子培养成人。培养成才，就要发展学生的智力，不只是掌握一些死的知识，更重要的是要增长智慧。

吕老非常重视杰出人才的培养。他认为，强调全面发展，提高学生素质，不等于千篇一律，没有差异。人的能力是有差异的，他反对把人"标准化"。他说："我60年的教育生涯，观察了成千上万名学生在离开学校以后的发展，使我形成了这样一条教育的信念，即'人人有才，人无全才；扬长避短，人人成才'。只要能扬其长而避其短，人人都可以成为出色的人才。"他认为，在讲教育平等的时候，不是用一个标准来培养人，要重视英才教育，培养大师级人才。他为新中国成立 50 多年来没有培养出更多世界顶尖人才而感到极大的遗憾。

吕老特别重视人的个性发展。他认为，人的潜能总是蕴藏在个性里面，"有价值的人一定是有个性的人"。因此，教育要重视个性，善于发现个性，研究个性，发展个性，基础教育阶段要在教学策略上采取灵活的措施，鼓励个性的发展。只有个性得到充分发展才能出世界级的顶尖人才。

吕老是一名永不止步的教育革新家。他虽然年事已高，但是心态却非常年轻，永远保持着学术的青春。他总是走在时代的前面，提出许多教育革新的思想。他常常讲，教育是未来的事业，要向前看，考虑未来的教育。他把他的两本教育文集都起名为《为了未来——我的教育观》，充分反映了他的教育思想。我在和他交往的几十年中，常常发现他不断提出新问题，发出新创意，点子特别多，我们戏称他为"点子公司"。他对事件的判断与提出的观点常常与众不同，总是高人一筹。有一次他去听一堂示范课，老师讲得很好，课也设计得很周密，听课的老师都说是一堂好课。但他说这堂课是失败的，他指出，一名学生多次举手，老师却认为已经有了正确的结论而不让他发言，反映了这位老师的教育观念问题。他认为，一个问题不一定只有一种结论，我们就是要鼓励学生，在有了结论的时候，再提出问题，这才是教育的成功之处。有一次他在会上讲，毛主席提出要培养学生分析问题、解决问题的能力，这当然很对，但是还要培养学生提出问题的能力。他说，提出问题，特别是提出与老师、与权威不同的问题，不仅要有智慧，而且要有勇气。我听了非常受启发，同时感到吕老特别有创新思想。

吕老是我国教育思想的一座宝库，其丰富的、具有创新的教育思想难以在这短短的篇幅中说得完全和清楚。好在《吕型伟教育文集》为我们提供了比较全面的资料，只要我们认真学习，必然会体会到他教育思想的博大精深，学到他献身教育事业的崇高精神、钻研问题的科学态度和高超的教育艺术。

吕老是我的老师，虽然我没有直接成为吕老的学生，但自从我认识吕老以后，一直把他视为我的老师。承蒙吕老的不弃，不断地启发我、提携我，才使我今天有一点点成绩。我们相识就是在中国教育学会这个学术组织中。他是中国教育学会第二届、第三届理事会的副会长，第四届、第五届的顾问，我在他和承先同志的领导下开展学会工作；我们还同在中国教育国际交流协会工作，1985 年他与我共同率领师范教育代表团访问日本；原国家教委国家教育发展研究中心成立时，聘请我们为中心的客座研究员，后又聘为咨询委员，每年都要开会讨论教育问题。因此我们每年都要见几次面，每次见面我都会从他那里学到许多东西。1985 年，吕老向张承先会长建议，为教师们编纂一部教育大辞典，而且建议我来主持这项工程。我当时非常胆怯，不敢承担这么大的工程。他们两人，还有刘佛年校长竭力鼓励我、要求我，使我难以推却。在编纂这部大辞典的 12 年中，吕老始终和我们在一起，指导着我们的工作，参加了历次编委会和审稿会。我遇到困难就向他请教，他给了我无私的帮助。我深刻地感到，吕老向我压这样重的担子，是有意地锻炼我、提携我。2000 年中国教育学会换届，因为承先同志年事已高，需要退下来，又是吕老向承先同志、向陈至立部长推荐我任新一届会长。这是他又一次给予我的极大信任和期望。在这几年学会的工作中，我常常向他请教，他经常给我们出点子，使学会的工作开展得更有生气。吕老和我可谓忘年之交。我们思想很一致，在一起无所不谈。而每次谈话都会给我许多启迪。

这次庆贺吕老 90 华诞，上海教育出版社为此出了四卷本文集，这是对吕老最好的献礼。庆贺吕老 90 华诞，不仅要祝贺他健康长寿，感谢他为我国的教育事业作出的巨大贡献，而且要学习他的教育思想，传播他的教育思想。文集为我们学习吕老的教育思想提供了最好的材料，我们要认真地好好学习，到吕老百年华诞时我们再来向吕老汇报学习的心得。最后祝贺吕老和师母健康长寿，学术常青。

（原载《中国教育学刊》，2007 年第 10 期）

16 /

朱勃

朱勃（1919—1988），云南宣威人，比较教育学家，曾任华南师范大学外国教育研究所所长

中国比较教育学科的开拓者

朱勃先生是我国老一代比较教育学家，1948 年前往美国哥伦比亚大学学习，1949 年回国后到华北大学政治研究所学习，新中国成立后入陕西师范大学任教，1957 年 8 月又留学苏联，在苏联莫斯科列宁师范学院学习，与我是同一所学校，可惜我 1956 年已回国。我认识朱勃先生已是改革开放以后了，当时他是华南师院（1982 年更名为华南师范大学）的教授。

改革开放使我们有机会了解世界各国的教育。1980 年，教育部高等教育司邀请美国哥伦比亚大学比较教育学者胡昌度教授到北师大讲学，同时组织了一个大学教师进修班，向胡昌度教授学习比较教育。我当时担任北师大教育系主任兼外国教育研究所所长，算是这个班的组织者。进修班学员除了跟学生一起听课外，还上胡昌度教授开设的"比较教育方法论"等课程。一个学期的课程结束后，进修班的十几位老师一起商量，应该编一本中国自己的比较教育教材。但是我们进修班的学员大多数没有留洋的经验，对比较教育比较陌生，不知如何下手，于是想请老一辈的教育家出来指导。我们请了杭州大学的王承绪先生，他曾经留学英国，早年就介绍过西方的教育；还请了福建师大的檀仁梅先生，他曾经留学美国；再就是请了华南师院的朱勃先生，他既在美国留学过又在苏联学习过，精通两种语言。

为了写好新中国第一本比较教育教材，我们进行了多次讨论，初步拟订出了一个提纲。1981 年初春在华南师院召开了大纲讨论会。朱勃先生为这次讨论会作了精心的准备。我记得，那时学校办学条件很简陋，华南师院在广州郊区，四周都是农田（当然现在已变成市中心了）。学校连个招待所都没有，朱勃先生联系了空军招待所。我们在那里开了整整一个星期的讨论会，把大纲定了下来。当

朱勃先生

年夏天，王承绪先生、朱勃先生和我一起在北京西黄城根北京四中旁边的人大招待所工作了整整一个月，才把初稿定下来。那时檀仁梅先生因病没有参加，所以就由王承绪、朱勃和我作为主编出版《比较教育》一书。该书是新中国第一本比较教育教材，获全国普通高等学校优秀教材一等奖。

1979 年 10 月底，中国教育学会外国教育研究会在上海成立，朱勃先生和我都被选为研究会常务理事，于是我们的接触就更多了。当时约定好年会由北师大、华东师大、河北大学、吉林师大的四个外国问题研究所和华南师院教科所轮流负责。第一次会议是在研究会成立之前 1978 年夏天在北师大召开的。第二次会议在华东师大召开，就是在那次会议上成立了外国教育研究会，后改为比较教育研究会。第三次会议 1981 年在保定的河北大学召开。第四次会议 1983 年在东北师大（原吉林师大）召开。本来第五次会议轮到在华南师大（原华南师院）召开，但因种种原因，特别是朱勃先生患病未能开成，甚感遗憾。

朱勃先生是我国比较教育学科建设的开创者，为比较教育学科的建设作了重要贡献。他不仅指导我们编写了新中国第一本比较教育教材，而且积极参加比较教育的各种学术讨论。特别是他于 1988 年编著出版了《比较教育史略》一书。朱勃先生认为，不了解比较教育发展的历史就不可能剖析教育发展的规律、特点和趋势。他运用历史唯物主义的观点系统地介绍分析了比较教育学科发展的历史，填补了当时我国比较教育研究的空白。1984 年，他翻译出版了比较教育方法论著作《比较教育科学的探索》。此后他撰写了《当前比较教育研究中的几个重要问题》等多篇文章，论述了比较教育的学科定位、研究对象、研究目的、研究方法。他认为，进行本国教育改革时要借鉴国外的教改经验，这是历史发展的必然趋势，比较教育就是通过借鉴外国教育改革的经验来满足本国教育改革的实际需要，比较、借鉴与改革是互相联系的。

朱勃先生 1983 年在华南师范大学创建了比较教育研究所，开展了多项比较教育研究项目，培养了一批比较教育研究人才。朱勃先生学识渊博，学贯中西，为人谦和，可惜过早离我们而去，确是我国比较教育学界的一大损失。今天我们来怀念他，要不忘初心，努力继承他的事业，在新时代推进比较教育的发展。

（作于 2019 年 1 月 20 日，2024 年 11 月 3 日修改）

17/

张瑞璠

张瑞璠（1919—2007），湖北巴东人，中国教育史学家，曾任华东师范大学教育科学研究所中国教育史研究室主任

严谨治学的楷模

张瑞璠先生是华东师范大学中国教育史带头人，有深厚的中国文化和古代教育史的造诣。曾校勘《新唐书》《新五代史》，并与孟宪承合编《中国教育史研究·先秦分卷》等学术著作。1986 年我承担《教育大辞典》主编任务以后，刘佛年校长就推荐张瑞璠先生担任《教育大辞典》之分卷《中国古代教育史》的主编，从此我们共同战斗了 12 年。

《教育大辞典》的编纂是时任中国教育学会会长张承先提出的，他说中国教育学会要为广大教师做点事，帮助他们提高专业水平。于是他和吕型伟提出编写《教育大辞典》。1985 年筹备，成立了领导小组，张承先担任组长；聘任了一批顾问，刘佛年担任总顾问。张承先组长提出编写大辞典的指导方针是"大、齐、新""古今中外熔于一炉"。为了"大、齐、新"，我们就尽量挖掘中华文明五千多年来的文化教育遗产。张瑞璠先生不辞辛苦，埋头于古书堆里。从古代的教育政令和事件、制度和学校、学官和生员、选举和科举，一直到教育文献、教育学派学说、教育人物、古代宗教教育等，选目达 4 000 余条，约 120 余万字。张瑞璠先生治学严谨，重名物考证，一个名词、一个事件都经过认真考证。《教育大辞典·中国古代教育史》传播了中国悠久的教育传统。

《教育大辞典》共 12 卷含 26 个分册，收词 25 000 余条，共 800 余万字，1992 年完成分卷本。根据辞典体例的要求，辞典应以字母或笔画编写，因此紧接着我们就开始了《教育大辞典》合编本的工作。合编本不是简单地把分卷合起来，而是要进行增删并改。张承先又提出合编要"再创造、高质量"，于是全体作者又奋斗了 6 年，于 1998 年完成《教育大辞典》（增订合编本）。

有些学者认为编写辞典不是学术活动，因此编写《教育大辞典》没有被列入教育科学规划中。600 多位作者，特别是分卷主编的工作在学校不计算工作量，全靠作者对教育的热情。其实，我们在编写过程中才体会到，编辞典是一项巨大的学术研究工程。每一条词目的选定、对词目的释义，怎样体现科学性、思想性、实用性，都要经过反复研究。有一位辞书编辑的老专家曾经说："要想惩罚谁，就让他去编辞典"，可见编辞典是一份十分艰苦的工作。张瑞璠先生是《教育大辞典》的副主编，同时又负责《中国古代教育史》分卷的主编工作，他的工作更是艰苦。他是《教育大辞典》的大功臣。

完成大辞典编纂工作以后，张瑞璠先生对中国古代教育史的研究并没有停顿，而是又与王承绪先生合编《中外教育比较史纲》，通过对中国古今教育名著进行扼要明晰的简介，向世界展示中国文化教育的独特魅力。此后张瑞璠先生又主编了《中国教育哲学史》，开创了中国教育哲学史研究。张瑞璠先生学识深厚，为人谦和，在编写《教育大辞典》的过程中培养了一批年轻学者，他正是我们要学习的大先生。

（作于 2024 年 7 月 10 日）

18 /

潘懋元

潘懋元（1920—2022），广东揭阳人，教育家，曾任厦门大学副校长、高等教育科学研究所所长

中国高等教育学的奠基人

今年是潘懋元先生百年华诞，在这个时候召开潘懋元从教 85 周年学术研讨会，意义重大。首先让我向潘懋元先生致以热烈的祝贺，衷心祝愿他健康长寿，永葆学术青春！

潘懋元先生是我国著名教育家，他从厦门大学毕业以后就一直从事教育工作，85 年来担任过小学老师、中学老师、大学老师，是新中国教育理论的开拓者，为我国教育事业作出了卓越的贡献。

中国高等教育学的奠基者

潘懋元先生是我国高等教育学的奠基人。高等教育学是一门年轻的学科，如果从 1893 年霍尔（G. S. Hall）在美国马萨诸塞州克拉克大学第一次开设高等教育课程算起，至今也只有 120 多年的历史。我国对高等教育的研究就更晚了。我国教育理论界一直关注的是基础教育、大众教育，很少关注高等教育，似乎大学是大学者的殿堂，有学问就能教书，无需研究教育教学的规律和方法。潘懋元先生是我国较早关注高等教育的学者之一，他认为，作为专业教育的高等教育与普通教育，在教育的本质、目的、原理等方面相同，但"还有很多重要问题，两者是不同的，需要专门的研究"。他认为高等教育也是有规律可循的，需要加以研究。早在 20 世纪 50 年代，他在厦门大学任教时就开设了"高等学校教育学"课程，并开始对高等教育进行研究。改革开放以后，他就着手建立高等教育学，并于 1984 年编写出版了我国第一部《高等教育学》，为我国高等教育的研究和发展奠定了基础。

高等教育的发展有自己的规律。自从 1088 年欧洲第一所大学博洛尼亚大学建立至今 900 多年，高等教育几经变迁，从象牙塔走到社会发展的前沿，它的规模、结构、内涵、职能、管理体制都发生了重大的变化。今天高等教育与社会经济的发展越来越紧密，人才的竞争已经成为国际竞争的焦点。

潘懋元先生对高等教育的研究，从研究高等学校的教育教学规律开始，拓展到高等教育发展的宏观理论研究。他认为，国民经济与高等教育事业发展相互依存、相互作用，发展高等教育对建成社会主义现代化强国具有特别重要的意义。于是他从历史到现状，从中国到外国，从外部到内部，从微观到宏观，对高等教育开展了全方位的研究，发表了许多论文，有许多独到的见解，为建立我国高等教育学理论体系作出了重要贡献。

高等教育改革的推动者

潘懋元先生积极参与我国高等教育的决策研究，参加各种高等教育研讨会和论坛。20 世纪 80 年代初，他就建议成立中国高等教育学会，并积极筹办。1983 年中国高等教育学会成立，他是第一届理事会常务理事，之后又担任副会长。特别是他作为专家参加了《中华人民共和国高等教育法》的编制工作。他深入调查研究，密切结合中国实际，吸取各国优秀经验，为中国高等教育的立法作出了贡献。

改革开放以后，我国高等教育实现了跨越式的发展。在高速发展的过程中，

潘懋元先生

出现了许多问题，例如高等教育的结构问题、发展规模问题、人才培养目标问题等，都需要认真研究。潘懋元先生对这些问题都有明确的观点。他认为高等教育的发展速度，应当满足经济、科技以及整个社会发展的需要。作为基础工程，高等教育必须适当超前发展，但是又要考虑到与基础教育和职业教育的关系，发展需要适度。21 世纪初，我国高等教育已经进入大众化阶段，潘懋元先生对高等教育大众化的定义、内涵、意义，作了详细的论述，写了多篇论文，澄清了许多误解，促进了我国高等教育的健康发展。

潘懋元先生总是站在时代的前沿，高瞻远瞩，放眼世界。他很早就提出，高等教育必须主动迎接世界科技革命的挑战。他认为，科技是与现代生产力的发展紧密联系在一起的，科学技术是第一生产力，现代经济的繁荣与发展离不开科技的进步。科技革命带来的产业革命，必然导致产业结构与就业结构的变化，从而改变人才市场对专门人才数量、结构、质量的要求。高等教育需要提高教育质量，培养现代化建设所需要的专门人才。高等教育迎接科技革命的挑战，要体现在教学改革上，包括培养目标与规格的制定、专业和课程的设置、教学内容与教学设备的更新、现代化教育技术的运用等。这就从宏观上到微观上阐明了高等教育如何应对科技革命的挑战。

潘懋元先生总是不忘学习，勤于思考，在耄耋之年还访问欧美各地，了解世界高等教育发展的趋势。他奔波于中国大江南北，深入实际调查研究，并到许多大学演讲，传播先进的教育理念。潘老真是一位情系教育、终身学习的典范。

青年学者的引路人

潘懋元先生为了开展高等教育研究，培养高等教育研究人才，于 1978 年成立了厦门大学高等教育问题研究室，这是我国最早成立的高等教育研究机构；1984 年 2 月，经教育部批准更名为厦门大学高等教育科学研究所；2004 年 4 月，厦门大学教育研究院成立。厦门大学高等教育科学研究所是第一批硕士、博士授权单位，多年来在潘懋元先生的领导下，厦门大学教育坚持党的教育方针，重视立德树人，理论联系实际，深入地研究我国高等教育发展中的重大理论问题和实际问题，取得了丰硕的成果，不仅为我国高等教育的改革和发展作出了杰出贡献，而且培养了一大批高等教育研究人才。潘懋元先生把厦门大学教育研究院打造成了我国高等教育研究的重镇、高等教育研究人才培养的高地。

潘懋元先生博学睿智，治学严谨，守正创新，诲人不倦，是教书育人的楷模。40多年来潘先生没有中断过招收研究生，没有离开过讲台。在鲐背之年，仍然亲自授课，参加学生的讨论。前年我的学生到厦门大学教育研究院访学，参加了潘懋元先生每周六晚上在家里举行的学术沙龙，看到潘先生和几十名学生齐聚一堂，热烈讨论，直到晚上10点钟才结束，感到十分震惊，也十分钦佩。就是在潘先生这样的精神观照和培养下，厦门大学教育研究院涌现出一大批人才，他们成为我国教育界的骨干。

我的良师益友

潘懋元先生是我们北京师范大学的校友，早在新中国成立初期，他就在北京师范大学教师进修班研修。我是北师大的学生，潘先生应该是我的老师，可惜当时我在苏联学习，与潘先生失之交臂。直到1979年全国第一次教育科学研究规划会议上，我们才相互认识。自此以后，我从他那里学到了许多东西，受益匪浅，并与之建立深厚的友谊。

1983年，国务院学位委员会学科评议组一届二次会议，我们一起评议了硕士、博士授权点，以后我们两人连续担任了第二届、第三届教育学学科评议组召

顾明远（左）与潘懋元（右）

集人，共同为我国的研究生教育和学位建设作出了应有的努力。在制定《中华人民共和国高等教育法》的过程中，我们又在一起研讨，参加了多次研讨会、座谈会。1986年，我们两人都参加了在泉州华侨大学举行的高等教育研讨会，会后潘先生邀我到厦门大学高等教育科学研究所讲学，这是我第一次访问厦门大学，从此便和厦门大学结上了缘。此后，我多次访问厦门大学，向潘先生和其他老师学习。40多年来，我和潘先生进行过多次合作，我们都受聘于教育部教育发展研究中心专家咨询委员会，每年开会都在一起研究讨论教育发展的战略问题和热点问题，为领导的决策提出政策性建议。我在编纂《教育大辞典》时，请他担任顾问，他非常认真地参加了编委会工作，给予了很多指导。

我感到特别荣幸的是，在依托厦门大学教育研究院成立的高等教育研究中心成为第一个专门研究高等教育的教育部人文社科重点研究基地，潘先生热情邀请我担任中心的学术委员会主任。我曾多次参加中心举办的各种学术研讨活动和博士研究生论文答辩，使我有机会向厦门大学教育研究院的老师们学习。2017年11月，我参加了高等教育研究中心举办的高等教育国际研讨会，看到厦门大学教育研究院在潘懋元先生指导下，取得的巨大成就，特别是见到潘先生精神矍铄，由衷地高兴。

在潘懋元先生百年华诞和从教85周年之际，衷心感谢潘老为我国教育事业作出的重大贡献，并祝潘老健康长寿、学术常青！

（原载《高等教育研究》，2020年第8期）

19 /

霍懋征

霍懋征（1921—2010），女，山东济南人，教育家、语文教育家，曾任北京第二实验小学校长

一面爱的教育旗帜

中国当代著名教育家霍懋征老师走了。教育界失去了一面爱的教育旗帜，我们失去了一位长者和朋友。听到这个消息，我无比哀痛。

霍懋征老师毕业于北京师范大学，是我们的老校友。她毕生耕耘在小学教育园地，敬业爱生，矢志不渝，为祖国的教育事业倾注了全部的爱和心血。她师德高尚，学业精通，勇于创新，追求卓越，是世人的师表、教师的楷模。从教60余年，她不仅为国家培养了大批卓越人才，而且留下了一套小学教育的理论和经验。

霍老师教育经验的精髓是什么？我常常在思索。我的粗浅的认识有以下几点：

首先，霍老师对儿童充满着爱。她提出"没有爱就没有教育"。霍老师的这种爱不是普通的爱，不是普通的所谓喜爱孩子，而是建立在对教育忠诚、对儿童信任的基础上的一种无私的爱、不求回报的爱。霍老师认为儿童是民族的未来、祖国的希望，她把育人视为她的天职。她相信每一个儿童，相信他们将来都能成才，"只有不会教的老师，没有教不会的学生"，这就是霍老师的教育信条。

其次，霍老师爱岗敬业，勇于创新。她把教育教学作为一门科学，孜孜不倦地钻研，研究理论、研究教材、研究学生，不断改进教育教学方法，使之尽善尽美。霍老师毕业于北京师范大学数学系，却成了小学语文教学方面的专家。当然她也是小学数学教学方面的专家。这一方面说明霍老师在数学、语文方面都有深厚的功底，另一方面也说明霍老师无论在哪个工作岗位上都刻苦钻研。教学经验不是凭空从天上掉下来的，也不是随着教龄的增长而自然增长的。只有不断钻研教材，不断反思自己的教学行为，总结提高，上升为理性认识，才能形成成熟的经验和理论。霍老师的经验之所以具有普遍意义，就在于经过她的钻研和提炼，她的经验已上升为普遍的理论。

最后，霍老师把教育教学视为一种艺术。语文本身就是一种艺术，但是在日常学校生活中居然会有不少学生不喜欢语文。这说明，有些教师没有把语文视为艺术，更没有把教育教学视为艺术，把课讲得枯燥无味。霍老师却相反，她把语文视为艺术，把语文教学视为老师的艺术。她重视学生的主体作用，充分调动学生的主动

霍懋征先生

性和积极性。我听过她的课，课堂气氛十分活跃，师生配合默契，活生生是一堂艺术课。每一册语文课本，一般只有20多篇课文，但是霍老师每学期可以让学生学到上百篇课文。这样，学生负担重吗？学生非但不觉得负担重，而且越发喜欢语文课。这就是霍老师的教学艺术。有人会说，北京第二实验小学都是好学生，一般学校的学生未必接受得了。且看霍老师的"做课"。她到各地去讲学，

不仅要介绍她的教学经验，还要在那里"做课"，即在当地学校任意一个班上讲一节课，给当地老师观摩。结果是任何一节课都上得同样的生动活泼。为什么？这就是霍老师的艺术。这种艺术不是一般的技巧，而是从霍老师的心灵里表现出来的，她的心和儿童的心是相通的。

我认识霍老师是在"文化大革命"以后不久。我在北京师范大学教育系担任系主任，请她来给学生作报告。她的那次报告给我们师生留下了深刻的印象：她对儿童的热爱、对教学的钻研，她的教学艺术、生动的语言，拨动了我们每一个人的心弦。后来我们又到北京第二实验小学去听她讲课。听她的课真可以说是一种艺术的享受。为了把她的教学经验传播出去，我和北京师范大学教务处的同志策划了把她的课拍成教学示范片，这就是《月光曲》一课的教学示范片的由来。这部片子曾经在全国广泛传播，反响非常强烈。

此后，我们就经常见面了。1980年成立了全国小学语文教学研究会。霍老师以及斯霞老师、袁瑢老师、李吉林老师都是研究会的著名专家。我曾担任过一届研究会的副会长，但只是做一些组织工作，研究会中唱主角的还是霍懋征等几位老师。她们为小学语文研究作出了很大贡献。特别是霍老师，经常到全国各地讲学讲课，把自己的经验毫无保留地介绍给年轻的老师。霍老师还特别关心西部边远地区、民族地区的教育，她在古稀之年还奔走于西南、西北贫困地区传经送宝。她献身于教育事业的精神，值得每一位教师学习。

1986年国家教委成立了全国中小学教材审定委员会，我和霍老师都被聘为这个委员会的委员。委员会每年都要审查一次教材，于是我们每年都要见一次面。小学语文的审查委员恰好就是上面我提到的几位全国著名的小学语文老师，再加上华东师大、华中师大等学校的几位专家。每次我都会参加小语组教材审查，因为在那里我可以学到许多东西。霍老师她们对各种教材的审查是既严格又宽容。所谓严格是一丝不苟，字字句句对学生负责，对教育负责，不容许有一点点不利于学生成长的东西留在教材里；所谓宽容是对于各派的意见、各种体系和选材，只要有利于学生语文的学习，有利于他们健康成长，都会被保留下来，绝对不拘泥于一家一派。每参加一次教材审查会，有如参加一次小语教学研讨会，使我受益匪浅。

霍老师曾有一部教育文集叫《真善美的丰碑——霍懋征》，这再贴切不过了。这种真善美不仅表现在她的课堂艺术上，而且表现在她的整个教育生涯中：她追求自己工作的真善美，她要把学生培养成真善美的人。真善美就是霍老师的人生追求，她是我们学习的榜样。

（原载《野花集》，福建教育出版社，2013 年）

20 /

黄济

黄济（1921—2015），山东即墨人，教育学家，曾任北京师范大学教育学教研室主任、中国教育学会教育学分会副理事长

新中国教育哲学奠基人

我与黄济同志认识已半个多世纪，自 1956 年我从苏联回国在北师大教育系教育学教研室工作，我们一直同事至今。当时教育学教研室主任是王焕勋教授，副主任就是黄济同志。他们两人都是从华北大学并入中国人民大学，又从中国人民大学调整到北京师范大学来的。

新中国成立初期，国家实行向苏联学习的方针，1950 年开始请苏联专家来华讲学。当时中国人民大学和北京师范大学都办起了教育学大学教师进修班和研究班，后来中国人民大学的班并到北师大，王焕勋和黄济也就来到了北师大。当时领导这个班的就是王焕勋和黄济。潘懋元、邵达成、瞿葆奎等都是当时大学教师进修班的学员，王策三、王逢贤、王道俊、梁忠义、夏之莲等则是研究班的学员。他们认真学习苏联教育理论，探讨新中国教育理论的发展。因此，他们都是新中国教育理论的开拓者。

黄济同志担任北师大教育学教研室副主任一直到"文化大革命"开始。虽然主任一直是王焕勋，但王焕勋有 4 年时间在师大附中担任校长，因此教研室的工作主要由黄济同志负责。当时教研室有 30 多位教师，老教师有董渭川、郁爽秋、张怀、陈友松、欧阳湘等，我那时算是年轻教师。教研室除了担负教育系本科的教学任务外，还要负责全校的公共教育学教学和教育实习的工作。黄济同志领导我们备课上课、编写教材。"文化大革命"前就编写好了《教育学讲授提纲》，"文化大革命"后经过修改，1978 年印出《教育学讲授提纲》（征求意见稿），供学校内部参考。

黄济同志是新中国教育理论的重要开拓者，不仅因为他领导了中国师范教育的排头兵——北师大教育学教研室的工作，而且因为"文化大革命"结束后他为恢复教育哲学的学科建设作出了重大贡献。教育哲学本来是一门较古老的学科，但在新中国成立以后被取消了，被苏联教育学所代替。"文化大革命"结束以后，通过反思我国教育的理论建设，特别是"文化大革命"中对教育的摧残，我们认识到教育哲学思考的缺失必然会导致教育实践的失误。1979 年关于教育本质的大讨论催生了教育哲学的复苏。黄济同志勇挑重担，在我国率先重建教育哲学学科。所谓重建，不是简单地恢复新中国成立以前的教育哲学课程，而是在新的历史起点上运用马克思主义唯物辩证法，重新审视教育的理论问题。黄济同志为此花了许多心血，先后撰写了《教育哲学》《教育哲学通论》等著作，为教育哲学的学科建设奠定了基础。

黄济同志和我不仅共事了半个多世纪，而且有过多次的亲密合作，他给了我许多帮助和支持。记得"文化大革命"结束不久，中等师范学校刚刚恢复，急需教育学科教材，教育部要求我们编写教育学和心理学教材。我当时担任教育系主任，心理学教材我请心理学研究室主任彭飞教授担任主编。教育学教材的编写工作本应由当时的教育学教研室承担，但许多老师都不愿参加。没有办法，我只能自己动手，组织了靳希斌、赵敏成两位老师到各地去调研，又请了陈孝彬、黄菊美撰写了两章，最后还是把黄济同志请出来为我们把关。黄济同志毫不犹豫地答应了，于是我们两人共同主编了这本"文化大革命"结束以后的第一本中等师范学校用的教育学教材。

1985 年，中国教育学会会长的张承先同志推举我主编《教育大辞典》。当时

顾明远（左）与黄济（右）

我非常胆怯，怕不能胜任这项巨大的工程。许多老前辈如刘佛年、吕型伟、滕大春、季啸风等给了我极大的支持。黄济同志也屈尊担任了编委会委员、《教育哲学》部分主编。黄济同志学贯古今，对我国古代教育哲学和马克思主义教育思想都深有研究，因此《教育哲学》部分为《教育大辞典》增色不少。

黄济同志和我都担任过国务院学位委员会教育学学科评议组成员，在学科评议工作中他给了我许多帮助，我们合作得非常愉快。

黄济同志一生从事教育理论工作，时时关心中国的教育事业，经常为中国教育学会主编的《中国教育学刊》撰写文章，讨论教育问题。

黄济同志严谨笃学，为人平易谦和。他应该是我们的老师辈，但对我们亲如兄弟。"文化大革命"前为编写教育学讲义和教研室的工作，我常常到他家里，他的夫人周密和孩子与我都很熟悉。他淡泊名利，只知道做学问，虽已90岁高龄，仍笔耕不辍。他住在离学校一二公里的教职工宿舍，夫人周密有病，他蹬着三轮车把周密带到校医院看病。离休以后他还经常到学校来，也总是蹬着三轮车，成为北师大一道风景线。大家喜称三轮车是黄济先生的"宝马"。他的严谨治学的态度、艰苦朴素的作风着实让人钦佩。

（原载《中国教师》，2010年第14期，略有修改）

21/

瞿葆奎

瞿葆奎（1923—2012），江苏宜兴人，华东师范大学教授，曾任中国教育学会副会长兼学术委员会副主任、中国教育学会教育学分会副理事长等

爱在严中的大先生

  提起瞿葆奎先生，没有人不认为他是一位严厉的老师。他对研究生的严格要求是出了名的。他教育学生第一做人，第二做学问。据他的学生回忆，他对研究生提出三个"少一点"："觉少睡一点、天少聊一点、影视少看一点。"学术研究要实事求是，来不得半点虚假。他这种严格要求我亲身体会过。1982年，我主编的中等师范学校用的《教育学》课本刚刚出版，就收到瞿先生的一封信，他指出书中的一句话，问我这句话通不通？我一看还真是，句中缺少一个"的"字。我现在已记不清是怎样的一句话，但这件事我印象特别深刻，之后我写文章总要反复校对有没有不通的句子。瞿葆奎先生的严格要求深深体现了对学生的爱，是为了研究生在学术上有所成就。在他严格的要求和精心的培育下，他的一批学生现在已是教育科学研究领域的骨干。

  瞿葆奎先生是中国教育科学的重要奠基人，他一生都在研究教育科学，并用了10年时间收集国内外有影响的教育文章，编成《教育学文集》共26卷30册1 800万字的巨著。其中有一卷收录了苏联学者的文章，他对文章重新一一校对。这中间有一篇是列宁对克鲁普斯卡娅《论综合技术教育》的提纲写的评论，他对译文不放心，还特地给我校比较教育研究所曾经在苏联留过学的周蕖写信，请她校订或重新翻译。其认真之程度真是令人钦佩不已。文集中还收录了1958年我在《教育译报》上发表的赞科夫《论教育与发展的问题》的译文，进一步传播了赞科夫发展教育论的思想。

  瞿葆奎先生重视教育研究，在华东师大创立了《华东师范大学学报（教育科学版）》，为教育研究搭建了一个学术平台。瞿先生曾邀请我撰稿，于是我有机会

瞿葆奎先生

在《华东师范大学学报（教育科学版）》1991年第2期上发表了《再论教师的主导作用和学生的主体作用的辩证关系》一文，重申了我的关于学生主体论的思想。

瞿葆奎先生学识渊博，著作等身，60余年钻研教育理论，涉及教育理论的各个领域。他特别重视教育本源的探讨，创立了"元教育学"研究，从教育发生的源头寻找其发展的脉络和演变的路径，从而让我们认识教育的本质特征。20世纪后半叶，教育学已经发展成拥有大量分支学科的教育学科群。为此，瞿先生开展了教育学学科分类研究，对教育学科进行了分类，并着手编纂《教育科学分支学科丛书》。1998年他应《教育研究》主编之约，开始对中国教育百年的历史演进开展梳理、分析，完成了《中国教育学百年》一文。许多学者在研究中国当代教育史的时候，都会应用《中国教育学百年》的阶段分类和对教育问题的精辟分析。《中国教育学百年》详细阐述了中国现代教育学发展史，我也时常翻阅这篇文章。瞿葆奎先生为中国教育科学的发展作出了巨大贡献，他的丰硕成果是中国教育科学的重要遗产，将在我们今后的研究中发挥重大作用。

在新中国成立初期，瞿葆奎先生曾经在北师大教育学大学教师进修班学习过。可惜那时我在苏联留学，否则他就是我的老师。瞿先生是我国当代教育理论界的重要人物，但在改革开放后我才和瞿先生有接触，我们来往不是很多，因为他在上海，我在北京，但我每次出差到上海都会去看望他，向他学习，讨论一些教育学中的问题，可以说，我们无所不谈。2000 年我担任中国教育学会会长以后，瞿葆奎先生是学会副会长，我们曾经共同努力把学会建设成一个广大中小学教师学术研究的家园。瞿先生离开我们已经十多年了，但他的严谨治学的大先生精神一直激励着我们不断努力，我们永远怀念他。

（作于 2024 年 7 月 16 日）

胡克英

胡克英（1924—1999），湖北枝江人，教育理论家，曾任中央教科所研究员、国务院学位委员会教育学学科评议组第二届成员

时代性·超前性·实践性

　　胡克英是我国教育学界的老同志，新中国成立初期就在北京师范大学任教。1956 年我从苏联回来，他已被调到中央教育行政学院，虽不常见面，但彼此认识。"文化大革命"结束以后，我们的接触就多了。我们共同参加了《中国大百科全书·教育卷》的编审工作，共同举办了小学教师研究班，共同参加了第二届国务院学位委员会教育学学科评议组的工作。他秉性纯朴，说话风趣，为人谦虚，待人和蔼。我特别佩服他的道德文章。他对个性发展和教学论特别有研究，而且有许多精辟的见解。过去他的文章一发表我就拜读，总能得到某些启发，今天系统地读了《胡克英教育文集》，更感到受益匪浅。

　　胡克英的教育思想具有时代性、超前性、实践性的特点。

　　他特别重视儿童的个性发展。他认为，"办教育不可目中无'人'，不可把人的个性心理整体加以肢解——不可目中无完'人'"。这里的"人"，是人的个性；"完人"即马克思讲的个性的全面发展，或者全面发展的人，是具体的德、智、体诸方面都得到发展的人，不能误解为抽象的人，是有个性的人，而不是一个模式的人。在《教育与个性发展》一文中他说："如果说，60—70 年代国际教育改革的主题是'教育与智力发展'……那么，80 年代后教育改革的重心势必转移到'教育与个性发展'的主题上来。"胡克英同志总是把握着时代的脉搏，把最先进的教育思想介绍给中小学教师。他介绍苏联赞科夫教育与发展的思想，介绍日本第三次教育改革。他对国际上提出的"教育个性化"有自己的解释。他说，"教育个性化"与因材施教不尽相同，"教育个性化"的战略目标指向：教人因其材（个性），教人尽（充分解放）其材，教人展其材。关于个性发展教育，他有许多精辟的见解。

首先，什么是个性？他认为，个性就是通常人们说的"有头脑""有思想"。相反，没有个性的人是指"唯唯诺诺，逆来顺受，随世沉浮；察言观色，看风使舵"的人。其实，每个人都有个性。所以他说，实质上，"没有个性"正是一种消极的个性。而教育要发展积极的个性，"积极发展和展现真实的人的价值，把孩子当人并培养成堂堂正正的好人或强者"。

其次，他认为个性具有多方面的规定性：（1）独立自主性，或称主体性；（2）社会倾向性，或者说是个性的意识倾向性；（3）个性心理的整体性，包括理智、情感、意志、性格等要素；（4）个性的独特性。最后他总结起来说，"个性就是独立自主性与社会倾向性的统一体，是心理整体性与独特性的统一体"。

胡克英同志非常重视自我教育。他认为，个性发展不是外部条件径直地推动的，其间有个中间环节，这就是主体的自我教育。他把教育与个性发展列为一个公式：教育→自我教育→个性发展。

他还认为，这个公式还可以是逆向的，即个性如果获得发展，独立自主性不断增强，社会倾向性（理想、道德）水平不断提高，那么，自我教育的愿望和能力也会不断发展，从而反作用于教育，使教育成为有效劳动。

这些见解都非常有时代性和超前性。今天我们越来越感到培养个性的重要，因为个性的核心是创造性，没有个性的人是不可能有创造性的。我们要培养学生的创新精神，就要重视从小培养其个性。

胡克英同志对教学论有深入的研究。针对教育理论界普遍认为教学过程是特殊的认识过程的观点，他认为，不能把教学过程的特殊性绝对化，教学过程不同于探索未知的学科研究过程，有它的特殊性，但也不能忽视两者的统一性。他说："如果把这种特殊性绝对化，就易于把教学引上单纯传授知识而堵塞引导学生独立'探索'未知的道路，走教条式的学习道路，从而不能培养学生的独立探索能力，不能出真才。"他对教学过程中学习知识与发展能力、教与学等都做了辩证统一的解释，澄清了教学实际工作中存在的模糊思想。

经过多年研究，胡克英同志提出了学习认识过程的基本规律，这就是四个方面的转化：（1）由形象思维活动到抽象思维活动；（2）由已知到未知；（3）由认识到实践；（4）由理解到记忆。这与一般教育学教科书中所说的感知、理解、巩固、运用四个环节不同。他强调学生主动的思维活动，这四个转化都是在思维活动中进行的，而且既有相对的独立性，又是相互连接的整体。我特别欣赏他所说的第二种转化，即由已知到未知，而不是一般人认为的由未知到已知。这里有深刻的意义，说明学习不仅是获得知识，更重要的是要去探索未知。

他对小学"情有独钟"。他经常到小学去听课，和小学老师一起搞教学实验。因此，他的教学论不是空洞的理论，也不是学院式的说教，而是与实际相结合的理论，具有很强的实践性。他的论文中有很多生动的教学案例，老师读后就能和自己的教学联系起来，从而深刻理解他的教学论思想。

胡克英同志十分重视道德教育。他认为个性发展中的一个核心是社会倾向性。社会倾向性是指"特定的理想和道德意识的方向性"。而理想和道德意识集中表现为"个性的社会责任感，也就是形成所行所为对社会负责、对国家民族负责的良心"。他不是孤立地谈道德教育，而是把道德教育与个性发展联系起来。也就是说，个性发展不是抽象的，是和一个人的社会意识，即社会理想和道德联系在一起的。反过来，不发展个性，进行道德灌输是没有成效的。他曾批评背诵道德"三字经"的做法，尖锐地指出，那是"有害无益的，甚至可以说是教育改革的大倒退"。他反对道德的说教，道德说教"不但难以引起学生的心灵共鸣，而且会堵塞自我教育的道路"。他认为，任何道德准则要内化为道德信念，必然有赖于儿童的直接经验及其自我体验，而这种自我体验只有在儿童主体性活动，尤其是在集体活动中才能获得。《胡克英教育文集》中有许多生动的例子，亦说明了他讲的这些道理。

胡克英同志主张用"爱的教育"来焕发自我教育。他认为，如果在师生之间、同学之间、学生与家长之间充满爱，互相帮助、互相关心，儿童就会感到幸福、安全和欢乐，就会萌发自我教育的愿望。

他主张让每个孩子找到自己的价值，培养自爱、自尊和自信心，有意识地让孩子"露一手"，使他们在爱好和才能方面寻觅自己的价值。教育还应该让每个孩子找到自己人格上的价值，培养高尚的情感。如在公益活动中孩子帮助别人，就可获得人格的自我体验。

他分析批评当前存在的错误的儿童观。他说，当前存在两种错误的儿童观：一种是把儿童当"小奴才"看待，家长可以随意向孩子施加体罚、羞辱等肉体或精神虐待；另一种是把儿童当作全家的"小祖宗"看待，娇惯放纵，任其所欲，尽情满足，特别是在我国的独生子女家庭中，其表现尤为突出。这两种儿童观表面上看来迥然相异，却具有共同的本质。"这就在于，在我们祖传的习惯上儿童只是家庭和家族的隶属品，儿童没有也不可能有独立自主的人格，只有对长辈的人身依附关系。"他从我国长期存在的封建文化传统的影响来分析，正是抓住了我国教育弊端的根本。这个问题鲁迅就分析过，鲁迅批判封建礼教"吃人"，发出了"救救孩子"的呼声。将近一个世纪过去了，"吃人"的事件并不少，可见文化传统的变革、教育观念的转变之困难。

胡克英同志非常重视教育实验，支持教育实验。他在谈到提高教育质量时，强调要从教育实验入手。他说，要从教改实验研究入手，探索科学的教育思想和切实可行的新路子、新方法，借以提高质量。他还认为，教育科学的生命在于教育实验。他支持一切教改实验活动。有些同志对群众性的教改实验不感兴趣，甚至说那些实验不科学，"土气十足"。他却从维护广大教师的积极性出发为之辩护。他认为，当代我国教育改革实验，虽然多属"民办"，而且大多缺乏专业理论工作者的参与和指导，但就他所接触的情况看，"主流是健康的、稳步的，没有重大偏差"，在正确处理教与学、"双基"学习与发展智力、集体教学与因材施教、提高教学质量与减轻学生负担、课堂教学与课外校外活动等关系问题上，积累了大量的新经验，提出了许多新思想。因此，他认为，"一个真正懂得教育科学和中国实际情况的人，必然会珍视这些实验，包括所谓的'土实验'"。他呼吁，一是要大力加强对实验的科学指导与理论研究，二是教育行政部门要以正确的方针支持和领导实验。

胡克英同志的教育思想十分丰富，很难在这样一篇短文中介绍万一，我只是

作为他的老友谈一点自己的体会。克英同志离我们而去了，但他留给我们的教育思想是永存的。

（原载《胡克英教育文集》，教育科学出版社，2003 年）

23/

曹余章

曹余章（1924—1996），浙江宁波人，教育出版家，曾任上海教育出版社总编辑

怀念与曹余章编纂
《教育大辞典》的十年

现在我们正在艰难地修订《教育大辞典》，我不由得想起在编写《教育大辞典》第一版时的曹余章先生。曹余章是我国老一辈著作家、出版家。我第一次读到他写的书，是他与林汉达编写的《上下五千年》。该书讲述了中华民族从三皇五帝至辛亥革命5 000多年的中国历史，是一本集中华民族发展史、重大历史事件、名人简介于一体的历史科普读物，通俗易懂，是中小学生最喜爱的优秀读物之一。我认识他是在1985年11月中国教育学会在武汉召开的第二届学术研讨会上。会议期间几位副会长讨论编写教育大辞典的事，上海教育出版社总编辑曹余章和社长陈义君从上海特地赶来参加了这次讨论。

说起编写教育大辞典的起因来，这是中国教育学会会长张承先同志提出的，他说，中国教育学会要为基础教育服务，要为中小学教师编一本辞典，以提高教师的专业水平。吕型伟副会长就建议在上海教育出版社出版，于是就有了那次讨论。这件事张承先同志的秘书郭永福早在1984年就跟我说过，希望我能参加。我原以为要我帮助张承先同志来编这部辞典，所以参加了那次讨论。没有想到在讨论中，张承先、刘佛年、吕型伟几位老会长一致推荐我担任主编。我当时惶恐不安，坚决推辞，觉得自己既没有资历，又学问浅薄，难以胜任。但他们认为大辞典工程浩大，不是一两年能够完成的，他们年事已高，认为我还年轻力壮，又担任着北师大副校长一职，有较多的教育资源，所以坚持要我担任主编。会议讨论到深夜，我只好接下这副重担。当时我和曹余章并不认识，但他也竭力支持，从此我们合作了整整十年。

1986年4月《教育大辞典》成立编委会，由我担任主编，季啸风、张瑞璠、

左起依次为连建生、吕型伟、魏一樵、曹余章、顾明远

　　曹余章担任副主编,魏一樵任秘书处主任。自此,我们开始了漫长的编纂工作。张承先会长给我们提出"大、齐、新"和"古今中外熔于一炉"的编纂方针。编写辞典是一份十分艰巨的工作。在编写框架的时候,就遇到许多问题,发生过很多争论;选目、释文撰写时问题更多,有政治性、科学性、历史性、规范性等问题。经过 6 年的时间,于 1992 年完成了《教育大辞典》分卷版,又经过了 6 年时间的增删并改,于 1998 年出版增订合编本。

　　《教育大辞典》能够顺利出版,应该归功于老一辈教育家的指导和支持,特别是张承先会长制定了编辑方针，还参加了多次编委会讨论，刘佛年副会长提出了许多好的建议，吕型伟副会长一直很支持我们的工作，参加了历次编委会讨论，提出了许多宝贵意见。参加分卷主编的有滕大春、黄济、汪永铨等老一辈教育学者，还有几百名中青年学者。《教育大辞典》真是老中青学者辛勤劳动的结晶。

在整个编纂过程中，曹余章先生起了不可替代的作用。他是大辞典的策划者、把关者。他屈居大辞典副主编，但是实际上起到了主编的作用。《教育大辞典》共 12 卷含 26 个分册，收词约 25 000 余条，共 800 余万字。曹余章一字不漏地审阅，精心修改，最后定稿。我主要是做一些组织协调工作，虽然也审阅了大部分词条，但我对许多学科并不熟悉，特别是中国古代教育史，这一部分主要由华东师大张瑞璠先生主编，内容涉及许多古文经典，我都不太熟悉，都是曹余章先生亲自审阅校对把关。同时，我审阅词条只是从释义内容的政治性、科学性方面把关，而他则从编辑的角度精雕细刻，下的功夫是常人无法想象的。他因此积劳成疾，肝病发作。正当编纂大辞典增订合编本的时候，他一病不起，住进了医院。我到医院去看望他，发现他在病榻上仍然审阅着《教育大辞典》的书稿。直到弥留之际，他仍然念念不忘《教育大辞典》的进展。可惜他未能见到增订合编本的出版。他这种对工作认真严谨的态度，真使我感动不已。

我们在编写过程中，在框架设计、词目选择、释义成文，以及工作方面遇到很多问题，曹余章先生做了许多工作，发现问题总要与我讨论。曹余章先生文史学养深厚、编辑水平精湛，年龄也比我长几岁，是我的前辈、学长。但他十分谦虚、平易近人，每遇问题，总要征求我的意见。所以我们经常书信来往，10 年

《教育大辞典》封面

曹余章先生写给我的信

中来往信件达十几封之多，我都珍藏至今。我们在许多问题上意见都很一致，见面时谈得也非常投机，成为莫逆之交。他的逝世，是《教育大辞典》的损失，使我失去了一位知己朋友，让我感到十分痛心。今天我们又在修订《教育大辞典》，这不能不使我怀念起这位《教育大辞典》的创始人——我的朋友曹余章。他走了25 年了，但在我审阅《教育大辞典》的每一个词条时，我都不能不想起他，总觉得他在鞭策着我，要克服困难，不能懈怠，要认真负责，保证质量。

曹余章永远在我们的心中！

（部分原载《中华读书报》，2021 年 1 月 27 日）

24/

王逢贤

王逢贤（1928—2013），辽宁大连人，教育学家，东北师范大学教授，曾任国务院学位委员会教育学学科评议组成员

学者楷模王逢贤

王逢贤先生是新中国成立初期北京师范大学教育系的研究生，那时候因为我在苏联学习，错过了认识他的机会。"文化大革命"以后，第一次见到王先生是在中央科教所，他看起来就是一名学者，很有修养。在一次会议期间，我们一起住在北师大北面的远望楼酒店。那次，我们谈得很投机，会后我还请他到我家住了一天，我们都是全国教育科学规划领导小组的成员，后来是国务院学位委员会教育学科评议组成员，经常在一起开会，再加上参加其他学术性会议，我们的交往就多了起来。

王先生在德育方面造诣很深，是学者的楷模。"文化大革命"以后，教育领域的科研工作开始起步，教育学呈现百花齐放的局面。黄济先生专攻教育哲学，王策三先生搞教学论，我开始研究比较教育，王逢贤先生就专注于德育。解放初期的研究生班是苏联专家来上课，我在苏联学习，我们学的内容都差不多。最根本的是我们都坚持马克思主义方法论，尤其王先生是搞德育的，更坚持这一条。改革开放以后，大家吸收了很多西方的教育思想，融合了一些西方的东西。王先生在德育方面的研究主要是在基础理论方面，包括什么是德育、德育的重要性、德育理论基础、德育的一些基本理念、德育的原则等。王先生跟南京师范大学的鲁洁老师两人都是搞德育的，而且合作得很好，他们是新中国德育的重要奠基人。他们两人有深厚的友谊，他们共同研究，共同培养研究生，每次研究生答辩他们都共同参加。他们的友谊很值得我们学术界很好地学习。

王先生治学很严谨，重视研究生培养。一直到去世前不久，他还在给研究生讲课，而且一讲就好几个钟头。他注重讲课的质量，重视把自己的教育观点介

左起依次为潘仲茗、顾明远、王逢贤、江山野、潘懋元、胡德海

绍给学生。他对学生要求很严格。王先生也是能坐住冷板凳的，他不为名、不为利，做了一辈子教授，搞了一辈子研究。

王先生很关心国家大事。每次我跟他通电话或者去东北师范大学见面，他都会和我提及国家和社会的发展问题，这也跟他的专业有关系。搞德育的和搞学科的老师不太一样，搞学科的终日钻到一个学科的问题里面去研究，而德育比较宏观。尽管培养一个人也是微观的，例如培养学生的良好习惯、培养学生的思想品德等，但在王先生看来，德育是人的社会化的过程，是培养下一代人民族精神的，而民族精神是和国家连在一起的，所以先生对社会的大环境、大事件都十分关切。国家的大事也好，世界的大事也好，都会反映到他的头脑里，思考如何看待这个问题，如何判断是非，我们这个社会、这一代人怎么能够更好地发展下去。在王先生看来，一个人的成长除了个人思想品德的提高外，也要对国家、对民族有一种责任。所以，我觉得他是我们教师的楷模、学者的榜样。我们北师大的校训是"学为人师，行为世范"，他真的是做到了这一点。

他很深入地研究德育工作。任何一个国家都很重视年青一代的德育，德育是立国之本，我们国家历来很重视德育。党的十八大提到立德树人是教育的根本任务，人才人才，首先是人，然后才是才。一个人如果没有德，即使有才也不能做有益于人民的事情，所以德育在当今时代应该说是更重要了，王先生一直惦记着这个问题。

我和王先生都是中国教育学会的学术委员，我们经常一起参加中国教育学会的研讨会。其中，我印象最深的是在四川成都开的一个中青年理论工作者研讨会，为了给中青年理论工作者以指导，这次会议邀请了十位年纪比较大的学者去参加。在会上王先生讲到德育工作，讲怎样弘扬中华民族美德、德育的自律和他律的关系、科学研究对实际工作的意义。会上王先生积极发言和引导，他的语言是比较理性的，而且是很有激情的理性，不偏激。

　　王先生性格很开朗，很有激情，情感丰富。他认为，道德教育也是随着时代的发展而发展的，它不是说教，而是让学生真正地体会到人格的重要、思想品德的重要。我们研究的虽然不是一个领域，但是我们交往很多，我到长春去，总是要去看他，他也总是要来宾馆里看我，没有落过一次；他到北京来，我也一定要去看他。虽然我们的研究方向不尽相同，但是都是在教育学一级学科内，我们有很多共同语言。我们对教育人、对培养人才，有共同的观点，所以我们能谈得下去。王先生比我大一岁，我们是同龄人。我总是把他看作我的学长，觉得他严谨治学，应该向他学习。

　　王先生对我国德育学科建设作出了很大的贡献，虽然他已经去世了，但他的工作需要我们年青一代的人继续搞下去。希望年青一代的学者向王先生学习，同时把他的研究工作继续下去，为我国教育事业作出贡献。

（作于 2024 年 8 月 8 日）

25

胡德海

胡德海（1927—　），浙江金华人，教育理论家、哲学家，西北师范大学教育系教授，曾任民族教育研究所所长，中国教育学会教育学分会常务理事

扎根西北的教育胡杨

　　德海和我都是新中国成立后北师大教育系第一批学生，他长我两岁，是我的学长。我 1951 年提前去苏联学习，德海 1953 年毕业后被分配到西北师范大学教育系工作，至今已有 71 年的时间。在学生时代，他是我们班上用功读书的学生，好学善思，学习刻苦，打下了较好的理论基础。德海出生在浙江金华的一个教师之家，70 多年来他扎根西北，不计名利，潜心学术，精心育人，在西北师大培养了大批优秀人才。无论是在教育研究上，还是在培育人才上，都作出了巨大的贡献，为西北教育理论的发展树立了一面旗帜。

　　我 1956 年从苏联回国，回到北师大工作，但没能和他取得联系。直到"文化大革命"以后，我们才有机会再一次见面。1992 年由我主编的《教育大辞典》分卷本出齐，紧接着进行合编本的工作，为了"再创造、高质量"，我们改组了编委会，想请一批顶级专家组成新的编委会，我就想到了德海，不仅请他担任编委，而且请他来帮我对《教育大辞典》审稿改稿。于是 1994 年春天他来到北京，为最重要的教育学分卷把关，修改稿件。他在北师大教育管理学院住了四个多月。那时我担任教育管理学院院长，所以我们能天天见面，有机会讨论教育基本理论中的一些问题。在学术上我向他学习了许多东西，同时我们共同度过了有如当年同窗时的愉快时光。

　　1994 年，德海的作品《人生与教师修养》出版，要我为书作序。这是老同学对我的信任。可惜我当时没有把书读完再写，匆匆忙忙地写了一点感想，现在再看这篇序，感到有负老同学的期望。今天我重读这本书，感到这是一本充满哲理并富有深刻文化内涵的著作。该书论述了人生的重大问题，对教育的基本理论

1990 年在《教育大辞典》编委会上，右一为胡德海

问题作了很多精辟解读。

一是对人、人性、人的本质，运用马克思辩证唯物主义的观点进行了科学的论述。特别是关于人性的论述，第一次冲破了极左思想对人性讨论的禁锢，澄清了一些模糊认识。我很佩服德海有一股学术求真的勇气，敢于追求真理。

二是详细论述了什么叫修养、人为什么要修养、修养什么。他说，修养就是："一个人为了发展、完善自己，总要在真、善、美、德、智、体、知、情、意、行等方面有所追求。"修养是完善自己内在的要求，也是适应社会生活的要求。书中详细地阐述了中国人修养的内涵和中华优秀传统文化。

三是特别论述了教师为什么要有更高的修养。因为教师从事的是培养人的活动，要传道和传播人类文化的优秀成果，要促进人类个体的健康和发展，要推动人类社会发展。

《人生与教师修养》是德海承担甘肃省高等学校教师大培训任务时所使用的课程教材，又是一部人生教育学的教科书。

1996 年，德海又送给我一本巨著《教育学原理》。这是他经过几十年对教育基本理论的思考和研究，积累几十年培养本科生和研究生的教学经验，形成的教育学科建设理论的结晶。从教育的起源、中国教育学的发展，到教育学科的建设，《教育学原理》都深刻地阐述了原创的观点，论述了教育学的学科体系结构，并列出了一份教育学科体系的图谱，确是一部教育学的奠基之作。

不久前他又给我寄来一部巨作《教育学是什么——胡德海教育随笔》。虽说是随笔，但这是他对教育的进一步思考。该书对什么是教育学、教育学的内涵、体系与课程等教育基本理论进行了深入探讨，对当前教育实践中存在的问题进行了理性分析。该书无论是对教育理论界，还是对教育现实都具有指导意义。

德海勤于学习、勇于探讨、心无旁骛、潜心学术，虽已是鲐背之年，但仍躬耕教育，站在三尺讲台，培养研究生；同时笔耕不辍，不断思考教育。

　　德海青年时代就决心投身教育，从北师大毕业后即到西北师大，不畏艰苦，七十年如一日服务于西北教育，被人们誉为扎根西北的永远青春的教育胡杨。

（作于 2024 年 7 月 26 日，10 月 29 日修改）

26 /

汪永铨

汪永铨（1929—2016），湖北鄂城人，高等教育学家，曾任北京大学教务长、高等教育科学研究所所长

北京大学高等教育研究的创始人

汪永铨教授离开我们两年了，每当我想起我国高等教育的事业，总会想起他。我和汪永铨教授相识是在"文化大革命"以后不久。1977年恢复高考，高等教育由此逐步走上正轨。但对于高等教育如何按照教育规律办学，大家还很迷惘。1980年中国教育学会和北京市高教局在暑假举行了一次高教干部讲习班，要求北京师范大学的教师讲一讲教育理论。我当时任北师大教育系主任兼外国教育研究所所长，任务就落到我身上。但我觉得我们无法胜任，因为我们过去只研究中小学教育，对高等教育从来没有关心过、研究过。但当时校领导却对我说："你带个头吧。"我只好硬着头皮准备。这就是我后来写的《现代生产与现代教育》一文的由来。

就在这期间，北京大学成立高等教育科学研究所，高教所的领导汪永铨、郝克明到北师大外教所来找我，了解我们外教所办所的情况，交流经验。他们非常谦虚，说他们不懂教育理论，希望同我们合作。当时汪永铨担任北大教务长，王义遒教授是负责教学的副校长，两人商量邀请我给北大干部讲一次课。我经过认真准备，讲了"试论高等学校教学过程的特点"。从此我和汪永铨教授结下了深厚的友谊。汪永铨教授具有丰富的领导高等教育教学的经验，但他非常谦虚，一直说他不是教育学科班出身（他毕业于清华大学物理系），缺乏教育理论功底。因此，他把第一批硕士研究生放到北师大外教所来听我讲教育学原理的课程。

其实，他的高教理论更加深刻。当时国家教育行政学院经常请我们讲课，我有一次听过他讲课，是关于高等教育发展的形势和意见的，他讲得非常精辟。

北大高教所是我国建立最早的高教所之一，第一任所长就是汪永铨教授。

30 多年来，北大高教所在他的领导下，为我国高等教育学的建设做出了巨大贡献，培养了大批高教研究的人才，这些人现在都是教育理论研究领域的专家。汪永铨教授是我国高等教育学的奠基人之一。

我和汪永铨教授的友谊主要凝结在编纂《教育大辞典》的工作中。当时中国教育学会张承先会长以及刘佛年、吕型伟副会长推举我担任《教育大辞典》主编，我就请汪永铨教授担任高等教育分卷主编，他毅然答应。编纂这部辞典用了整整 12 年。汪永铨教授认真负责，写了又改，改了又写，反复琢磨，精益求精，耗费了很大精力。之后我们又有多次合作，我指导的博士生进行毕业论文答辩，多次请他做答辩委员；我们共同受聘为教育部教育发展研究中心的专家和咨询委员；我们共同倡导在山西教育出版社编纂出版《中国中青年学者教育学术文库》；我们共同参与建立我国高等教育评估制度。总之，在他病休前的几十年，我们每年会有多次在一起开会，共同讨论问题。他对我国教育，不单是高等教育，都有许多精辟的见解。

汪永铨教授工作勤奋，为人谦和，无论是在学术研究还是在道德文章上，都堪称楷模。他常常工作到深夜，有时凌晨起来，又开始工作。1986 年，我们应香港中文大学杜祖贻教授的邀请，第一次访问香港中文大学并参加华人教育研讨会。当时我们住在一个房间，他因为夜里要起来工作，又怕打扰我，竟然睡到客厅沙发上，我早上起来才知道。他很早就接触信息技术，运用电脑写文章。我当时对电脑在心理上有点抗拒，觉得太复杂了，不愿意接触它。他就劝我，说用电脑写文章有许多便利。在他的启发下，20 世纪末我也用起电脑来，现在已经离

汪永铨先生

不开它。

特别值得提到的是，20 世纪 90 年代，香港中文大学杜祖贻教授为了扶持内地青年学者的研究，设立联校奖学金，就找到了我和汪永铨教授。我们共同商量，制定了方案。这个奖学金开始只是针对北大、北师大、华东师大、东北师大等少数学校，后来扩大到上海交大医学部、广州大学、中央民族大学等 12 所学校，每年奖励博士、硕士研究生和青年教师约百名。奖学金设立至今已 15 年，共投入资金约 1 000 万元，奖励学者 1 400 余名。20 世纪 90 年代正是内地教育经费困难时期，我担任北师大副校长期间，北师大一年的经费不足 1 亿元，现在达到几十亿元。所以，当时的联校奖学金对青年学者来说是雪中送炭。奖学金资助了青年学者的研究工作，获奖者也把它看作一种荣誉。因此，我要借此机会特别感谢杜祖贻教授。同时，我们也不要忘记汪永铨教授对青年学者的支持和指导。

我和汪永铨教授是同龄人，他的父亲汪奠基先生曾是我的老师。新中国成立初期，他曾在北师大任教育系系主任，讲授教育哲学，我曾听过他的课。这给我们多了一层情缘。北大高教所扩展为教育学院，与我们北师大国际与比较教育研究院有着密切的联系。我们将共同发扬汪永铨先生的精神！

（原载《泥土集》，教育科学出版社，2020 年，略有修改）

27/

缪进鸿

缪进鸿（1929—　），浙江宁波人，曾任浙江大学教务长、浙江教育委员会副主任

比较人才研究的探索者

1979 年在庆祝新中国成立 30 周年座谈会上，于光远、童大林、吴明瑜、张健、敢峰、王通讯等我们几个人为一个小组，在学习邓小平关于"尊重知识，尊重人才"的重要指示时，谈起人才学的问题，觉得应该建立一门人才学，来研究人才的发现、培养、发展、使用、管理等问题，促进我国人才队伍的建设。为此我当时就写了一篇文章《人才学与教育学》，发表在《人民教育》1980 年第 4 期上。经过一段时间的酝酿，1981 年中国人才研究会正式成立。我参加过这个研究会，后来因为该研究会主要研究人才的使用、管理、政策等问题，讨论教育培养的问题较少，我就没有再参加了。但作为一名教育工作者，对人才的教育培养始终是我关注的重点，因为教育的本质就是培养人才，基础教育是为人才成长打基础的。著名科学家钱学森曾说，对他最有影响的是两个时期：一是在北师大附中上学的六年，二是在美国加州理工大学读研究生的几年。可见，中小学对人才培养很重要。

大约是 1994 年，我忽然接到缪进鸿教授的来信，他说他退休后正在研究人才问题。他说，中国历史上出人才最多的地区是太湖地区，英国苏格兰地区也出了许多人才。他问我能不能把这两个地区的人才比较一下，建立比较人才学。在这以前，他先后问过我国比较教育和科举史的老前辈王承绪先生和何炳棣先生，他们两位都说，这两者不能比较。于是，他又写信问我，我觉得，虽然不能一一对应比较，但是把这两个地区的历史、环境与人才辈出的关系弄清楚，找出一些有规律性的东西，极为有意义，也可以说是一种比较。

缪进鸿教授和我是同龄人。1951—1981 年他在浙江大学任教，后来任浙江

缪进鸿编 "中外杰出人物群体比较研究丛书"
初稿

省高教局领导，退休以后有感于培养杰出人才十分重要，开始从事比较人才学的研究。他从 20 世纪 90 年代初就开始对我国太湖地区和英国苏格兰地区 300 年来的杰出人物做比较研究，因为这两个地区分别是两个国家人才辈出的地方，后来又扩大到对其他国家和地区的古今中外杰出人物的比较研究。他收集了大量史料，阅读了上千名中外各类杰出人物在百科全书上的有关条目，如他们的传记、年谱、回忆录等资料；归纳、设计出 25 个中外杰出人物群体，如思想家与哲学家、政治家、军事家、实业家、数学家、科学家、地理学家与探险家、旅行家、医学家、农学家、工程技术专家与发明家、教育思想家与教育家、文学家、史学家与考古学家、音乐家、美术家、表演艺术家、新闻工作者等；建立了有 300 多项参数的数据库；归纳出大约 100 个需要和可以相互比较的项目；分析了影响杰出人物成长的各种因素，研究了杰出人物成长的经历，探索了人才成长的轨迹。他把这些材料寄给我，我看了以后非常惊讶，因为在学术界还从来没有人这样研究过。我觉得他的研究方法很科学，收集的数据十分详细，这些材料很珍贵，整理归纳后可以汇成专著。后来他与他的助手编撰成两套丛书，一套是"中外杰出人物主题阅读丛书"，另一套是"中外杰出人物群体比较研究丛书"。前者是科普读物，主要由他的助手执笔，以面向中学生为主，由商务印书馆出版发行，一共有六册，分别为《兴趣是最好的老师》《自古英杰多磨难》《有志者事竟成》《机遇垂青有准备的人》《勤奋是成功之母》《贵在持之以恒》；后者属于学术专著，也是六册，分别是《人杰地灵？！——论美国等国人才辈出及近代中国数学落后的原因》《犹太民族之谜——启蒙运动以来犹太民族的人才辈出及其原因》《兴趣是最好的老师——中外杰出人物的兴趣爱好比较》《终生难忘的帮助——谁对杰出人物的一生帮助最大？》《自古英杰多磨难——26个中外杰出人物群体的磨难比较研究》《矛盾与冲突——略论不同群体杰出人物遭遇的矛盾与冲突》。

我认为这项研究非常有意义。我们天天喊要培养杰出人才，不断寻求破解"钱学森之问"，但至今还没有人认真研究杰出人才是怎么成长的、人才自身需要什么素质、外部需要什么条件。缪进鸿教授的研究还是第一家，可以说填补了这方面的空白。这项研究运用了科学的大数据方法，分析归纳了不同人物群体成长的过程和因素。虽然没有，也不可能得出什么结论性的规律，但给人们一种启示：理想、信念、兴趣和毅力是成功之母。

这项研究的意义还在于对学术研究者来说，开辟了学术研究的新领域。比较人才学运用了比较教育学和人才学两门学科的研究方法，开辟了一门跨学科的研究领域，值得继续研究下去。

这项研究的意义还在于对青少年有重要的榜样和教育作用。青少年可以从中得到启发，可以得出这样的结论：成功总是属于有理想、有兴趣、勇于战胜困难的人的。

最后，我还想说，缪进鸿教授是在十分困难的情况下开展这项研究的。他退休以后已经没有权力和财力，既没有研究机构帮助，也没有经费支持，只依靠几位年轻学者的业余支持，以及自己投入全部精力开展研究。他曾经和我商量，能否在比较教育学科里建立一个分支队伍。但他在杭州，我在北京，我们两人的学历背景也不同，要建立一支队伍实不容易。我虽然支持他的研究，并且特别佩服他的这种执着精神，但却无力帮助，心里未免有几分惆怅。

过去我和缪进鸿教授并不是太熟，20 世纪 80 年代他在浙大任教务长，后来到浙江省高教局工作，我在北师大任副校长；他是学工科的，我是学教育的，所以只是在高教会上遇到过。自从他研究比较人才学后，我们的联系就紧密起来了。我虽然不研究人才学，但教育的本质就是培养人才，所以很关心他的研究。他不断地把研究成果寄给我，使我受益匪浅。特别让我钦佩的是，已是耄耋之年，他还情系人才，执着地克服种种困难，开展这项前无古人的研究。因此，在这套丛书出版之际，我无论如何也要写几句话，以表达我的心情。

（原为"中外杰出人物群体比较研究丛书"序，作于 2014 年 2 月 15 日）

28

王梓坤

王梓坤（1929—），江西吉安人，科学家、教育家，中科院院士，曾任北京师范大学校长

科学家的气质　教育家的风范

1978 年，一本小册子《科学发现纵横谈》在社会上热销，它的作者就是王梓坤，他那时候在南开大学任教。这本书从自然科学发展的历史长河中挑选了一些古今中外的重大发现，用辩证唯物主义的观点，阐明其一般规律。该书同时结合作者自身的学术经历论述了科学家应有的德、识、才、学的品质。此书对青年学习科学的方法和思想教育都有重要意义，产生了巨大影响。

我对王梓坤并不陌生，因为他的夫人谭得伶在北师大工作，与我是同事。1984 年 5 月王梓坤任北京师范大学校长，我于同年 7 月任副校长，我们共事到1989 年。"文化大革命"以后，北师大一直没有校长，王梓坤是"文化大革命"以后北师大的第一任校长。当时百废待兴，教学秩序要恢复、学科建设要加强，但经费十分困难。我们在王梓坤校长带领下，在十分艰苦的条件下，以学科建设和教师队伍建设为重点，加强教学和科研的结合，取得了一定的成绩。这五年中，北师大的教育质量有了大幅的提升。当时因为高等学校缺乏师资，北师大毕业生几乎都到高校去担任基础学科的教师。那时学位制度刚刚建立，在大学任教的老师大多没有研究生学位。我们为此建立了高等学校教师培训中心，举办助教进修班，招收访问学者。

王梓坤热爱教育工作，尊重教师。但是 20 世纪 80 年代，我国社会还没有形成尊师重教的氛围。知识界人士都在呼吁尊重教师。1985 年春节前，我和全国教育工会主席方明等几位同志给《光明日报》写信，为了形成尊师重教的社会氛围，呼吁地方干部带头给教师拜年（该信刊于《光明日报》1985 年 1 月 17 日头版头条）。王梓坤则直接建议国家设立教师节，以体现国家和全国人民对教师的

1985 年，北京师范大学召开第一个教师节庆祝会，学生打出标语

尊重。中央采纳了王梓坤的建议，1985 年第六届全国人大常委会第九次会议决定，每年 9 月 10 日为教师节。从此教师有了自己的节日。王梓坤为我国教育的发展和教师队伍的建设作出了重大贡献。

王梓坤是一名学者，当年几位校长也都有学术背景。因此，我们决定，每周一上午是行政会议例会的时间，每周二各自回系所从事科研和教学活动，没有特殊情况，周二不开会。就是在这个制度保证下，我们的学术事业才得以继续。

王梓坤为人谦和，作风民主。我们在每周的行政会议上要讨论学校的建设，大到学校发展的整体规划，小到系所的课堂教学、学生的生活，有时会有不同意见。王梓坤总是耐心听取参会者的个人意见，从不武断地下任何决定。他总是用科学家的态度对待不同意见，有时会说，我们对问题要像解数学题一样，逐步简化。我在王梓坤校长的支持下创办了我国第一个特殊教育专业，建立了第一所教育管理学院，促进了学科教育的建设和发展。所以，我和王梓坤愉快地同事了五年。

王梓坤博学多智，勤学笃行，经常出入图书馆，探索新知识。他培养了几十名博士，现在都已经是学术骨干。他坚持每周参加研究生的讨论会。在校园内会经常看到他骑着一辆小自行车去上班。我在校园内遇上他，他总会下车说几句话。最近他搬到校外住了，就难得见到他了。

王梓坤不仅是一位科学家，而且是一位有广博学识的学者。他兴趣广泛，喜爱文学，喜爱中国传统文化，有时会到琉璃厂中国书店去逛逛，翻翻旧古书。他也喜爱文学小说，有一次给我们介绍《亮剑》，说这部小说写得好，写得真实，主人公有个性。王梓坤真是一位富有科学家气质、教育家风范的大先生。

（作于 2024 年 7 月 24 日）

29/

金锵

金锵（1929— ），福建建瓯人，教育史学家，曾任浙江大学副校长、教育系系主任

用唯物辩证法研究外国教育史

我和金锵教授认识是在"文化大革命"之后，当时我正要着手开展对鲁迅教育思想的研究。一天，金锵与杭州学军中学的俞芳老师来我家访问鲁迅胞弟周建人，他也想研究鲁迅的教育思想。我们一见如故，并且都对鲁迅著作中的教育思想充满着崇敬，想把它挖掘出来，于是就合作起来。这就是1981年在鲁迅诞辰100年时由人民教育出版社出版的《鲁迅的教育思想和实践》一书的由来。随后，金锵和俞芳在北京、杭州等地走访了当时在世的鲁迅的学生：川岛、唐弢、冯至、李霁野、许钦文、黄源等。这些鲁迅的学生都是20世纪30年代的文学青年，是现代文坛巨擘。2001年，《鲁迅的教育思想和实践》出第二版时，金锵和俞芳又作了认真的审读、校对和修正。金锵虽患眼疾，但还是一字一句地审读，提出的意见有两大页，细致到某页某行的错别字。为了采集更多的资料，他在住院期间，再一次拜访了杭州的95岁老人黄源，记录了他的回忆。俞芳是鲁迅的小邻居。1923年鲁迅搬出八道湾后就住进砖塔胡同俞芳姐妹住的住宅。《鲁迅的教育思想和实线》一书还附录了她写的《在砖塔胡同和鲁迅先生相处的日子里》的纪念文章。这是一件抢救性的工作，记录了鲁迅的学生与鲁迅交往受教的故事。今天那些被访问的老人都已作古，访问记录成了最珍贵的资料。

我们在共同编写《鲁迅的教育思想和实践》一书的过程中结成了莫逆之交。每次我到杭州，总会去拜访他们，有时三人共聚，常常听俞芳老人讲述与鲁迅及鲁母交往的故事，有时还会讨论当前的教育问题。

金锵教授的专业是外国教育史，大学期间受教于我国老一辈外国教育史学家孟宪承、郑晓沧，浙江大学毕业留校以后一直在教育系讲授外国教育史这门课

顾明远（左）与金锵（右）

程。新中国成立之初，我国教育"一边倒"向苏联学习。外国教育史的教学内容主要沿用苏联麦丁斯基编的《外国教育史》。但金锵一直注重马列主义经典著作的学习，关注学习文史哲等方面的知识，同时，他又在郑晓沧教授指导下学习英语，对赫尔巴特、福禄培尔、斯宾塞、杜威等西方教育家的教育思想开展了研究，从而形成了自己的教学风格。金锵教授严谨笃学，对学生要求严格。他对学生反复强调学习马列主义的重要性，要求学生提高理论水平。同时要求学生努力学习外语，并为学生讲授"教育学专业英语"这门课。

金锵教授对外国教育史有深入的研究和自己的见解。1980 年在思想解放的背景下，他在《教育研究》杂志上发表了《外国教育史研究中的几个理论问题》（《教育研究》1980 年第 1 期）。论文运用马克思辩证唯物主义方法论分析了新中国成立以来外国教育史研究中存在的问题，批评了苏联外国教育史研究的公式化和简单化倾向，科学地分析了西方教育思想家的教育思想。该文起到了拨乱反正的作用，在教育界产生了重大影响。

金锵教授与北师大的吴式颖教授都是我国当代外国教育史学科的开拓者。他们在外国教育史研究方面合作多年。1989 年，金锵教授与吴式颖教授合写了《四十年来的外国教育史》一文，发表在《华东师范大学学报》（教育科学版）1989 年第 4 期。该文梳理了新中国成立以来外国教育史学科的历史发展演变过程，详细分析和总结了各个时期外国教育史学科发展的成绩和问题，讨论了外国教育史研究的方法论和学科建设，对该学科以后的发展起到了重要作用。

此后他又参与了由滕大春教授主编的高等学校文科教材《外国近代教育史》的编写工作，并同福建师范大学的李明德教授合作主编了《教育名著评介·外国卷》一书，为教育工作者阅读外国教育名著、研究外国教育理论提供参考。

金锵教授长期两肩挑，既担负教育行政管理工作，又担任研究生导师。他勤业耕耘、乐教爱生，对学生既严格又宽容，培养的学生现在都是学界的栋梁。他虽年事已高，但还挂念着我国教育事业的发展。

（作于 2024 年 10 月 28 日）

30 /

于漪

于漪（1929—），女，江苏镇江人，教育家，『人民教育家』国家荣誉称号获得者，上海市杨浦高级中学校长、名誉校长

呈现一个鲜活的教育家形象

中华人民共和国成立 70 周年，国家授予于漪老师"人民教育家"荣誉称号，全国的老师们受到极大鼓舞。这是于漪老师的荣誉，也是所有教育工作者的荣誉，我们大家都分享了她的荣誉。

2010 年 8 月，《中国教师报》有记者问我："教育家的定义或者标准是什么？您觉得什么样的人能够称为教育家？"我的回答是："一名教育工作者，无论是幼儿园、中小学老师，还是大学老师，当然也包括校长，只要热爱教育事业，懂得教育规律和人才成长规律，长期从事教育工作，做出了优异的成绩，并且对教育有研究，有自己的教育思想和先进理念，形成了自己的教育风格，在教育界有一定影响的，就可以被称为教育家。"于漪老师就是这样的教育家。

于漪老师的事迹我早有所闻，我读过多篇她在《人民教育》《中国教育报》上发表的文章，还读过许多关于她的报道。2010 年第 26 个教师节前夕，于漪老师被评为首届"全国教书育人楷模"，当时我是评委之一。2016 年我在上海教育出版社见过她的《于漪全集》，有 8 卷 21 册之多，感到她真了不起。一名中学老师，工作那么繁忙，还能从事教学研究，有这么丰硕的研究成果，真不愧是中国的人民教育家。但是，她在上海，我在北京，过去接触较少，所以对她还缺乏全面深刻的了解。感谢董少校先生撰写的《红烛于漪》，把一个鲜活的教育家的光辉形象呈现在我们面前，使我们对于漪老师有了深刻的了解。那么，我们向于漪老师学习些什么呢？

我觉得，第一是学习她热爱教育事业、奉献祖国的精神。她说，她"一辈子做教师，一辈子学做教师"，她真是做到了这一点，70 年不离讲台，为的是培养祖国的未来。她说："教师一个肩膀挑着学生的现在，一个肩膀挑着国家的未来。"她把爱洒向所有的学生，对他们爱严相济。她认为老师的爱不同于父母的爱，老师的爱，是为了祖国的未来，是无私的爱、不求回报的爱。正是因为爱学生，为了使他们成才，所以她总是严格要求学生，期望他们将来成为祖国的栋梁。

第二是学习她始终把育人放在第一位的思想。于漪老师认为，教育，不仅仅是把知识教给学生，更重要的是培养人。她在《文汇报》上发表文章，题目就是《胸中有书，目中有人》。她说"既教文，又教人"，目的是"培养有中国心的现代文明人"。她认为教书是为了育人，要把育人深入日常的教学工作中，提出语文学科要"德智融合"，充分挖掘学科内在的育人价值，真正将立德树人落实到学科主渠道、课堂主阵地。

第三是学习她深入钻研、改革创新的精神。于漪一开始教历史，后来又转教语文，这是一个很大的转向。她孜孜不倦地学习，就像她说的"学做教师"，潜心学习，深入钻研，改革创新。于漪老师在 20 世纪 60 年代初就尝试教育改革。她说，从教学实践中，深刻体会到教师不能代替学生学习，要让学生做学习的主人，教育质量方能真正提高。于是她就尝试教育改革，着力调动学生学习的积极性和主动性，逐渐形成了自己的教育风格。于漪老师是语文教育改革的推动者。她关于语文学科"工具性与人文性统一"的理念，对语文教育的改革和发展产生了重要的影响。

第四是学习她严谨治学、专心教学的专业精神。70 年来她心无旁骛，专心于

于漪先生

教育教学工作。她坚持党的教育方针，坚持素质教育，用全面发展的理念教书育人。她认真钻研教材，不断改进教学方法，坚持上好每一节课，教好每一个学生。她说，她的课几乎堂堂都是公开课，有教研员来听课，有其他学校的老师来听课。70 年来，她创造了一个又一个奇迹，作为班主任，她将极差、极乱的班级带成了先进集体；作为校长，她让名不见经传的学校成为数一数二的全国先进学校。

第五是学习她不忘初心、培养青年的无私精神。于漪老师是我国最早的语文特级教师，是语文教学界的权威，但她从不以权威自居，时时不忘培养扶持青年教师，想方设法为青年教师搭建平台。作为"导师"，她用最博大的爱和最朴实的教诲，言传身教，培养了三代特级教师，带出了一批全国知名的教学能手、德育名师。于漪老师无愧于"育人是一代师表，教改是一面旗帜"。

可以向于漪老师学习的东西还有很多很多，在短短的序言中，言不尽意。还是让大家来读读《红烛于漪》吧，我想读者会有更多自己的体会。

作者董少校先生曾担任过《中国教育报》记者，在上海跟踪采访于漪老师十多年，梳理了于漪从出生到退休之后的成长奋斗过程，聚焦她的成就与贡献，特别对她形成"教文育人"思想、如何学做教师、关爱学生、撰文著书、怎样管理学校、参与社会服务等方面着重展开，脉络清晰，要言不烦。作者的写作既充满了丰富的感情，而又严谨客观地描述了于漪老师的辉煌人生，揭示出于漪教育思想的形成发展过程和逻辑脉络，使我们对于漪老师有了一个全面的了解。作者邀我作序，我觉得为人民教育家于漪的传记作序非常光荣，也是我向于老师学习的一个好机会。

（原载《中国教育报》，2020 年 9 月 23 日）

31/

鲁洁

鲁洁（1930—2020），女，四川南充人，当代著名教育理论家、教授，曾任南京师范大学教育系系主任、教育科学研究所所长，教育部人文社会科学重点研究基地南京师范大学道德教育研究所名誉所长

理论的品格　儒雅的风范

1985 年，鲁洁把她参与编写的《教育学》送给我。我就从这本书开始认识了鲁洁教授。这本绿皮的《教育学》是改革开放以后较早被高等师范院校教育系学生使用的课本，约 44 万字。当时思想刚刚解放，关于教育本质、教育方针的问题正在热烈讨论之中。这本《教育学》对以往的教育学教材体系有了较大的突破，对教育的本质、构成教育的基本要素、诸要素之间规律性的联系和诸多矛盾、教育目的等一系列教育基本理论问题，进行了具有自身特性的理论阐释。我读了以后，感到非常有收获、有启发，确是一部我国教育科学发展的奠基之作。

1987 年召开全国教育科学规划会议，在全国教育科学规划领导小组的领导下，设立了 9 个学科规划组，其中，她任德育组组长，我任比较教育组组长。领导小组讨论了"七五""八五"教育科研规划和教育问题，制定每年的教育科研课题指南，评审各地各校申报的课题。因此，我与鲁洁每年都会参加会议，见面谈论教育问题。

鲁洁专攻德育。德育在当时是一个重要而又紧迫的课题。改革开放以后，思想得到解放，社会上出现各种思潮，青少年面临着多元文化和多种价值观的挑战。作为社会主义国家，怎样开展道德教育？1985 年在鲁洁的推动下，中国教育学会成立了德育论专业委员会，鲁洁任专业委员会主任直到 2005 年。20 年来，鲁洁团结了全国师范院校德育工作者，开拓研究、培养人才。鲁洁和东北师范大学王逢贤教授的紧密合作对我国德育的重塑做了大量的研究工作，他们联合出版的《德育新论》是德育理论研究领域的一部重要著作。鲁洁对我国新德育的建设和德育人才的培育，为中国教育科学建设作出了重要贡献。

鲁洁认为，德育是一种超越，不是简单地传授德育知识，而是通过德育超越自我。教育也是一种超越。我对鲁洁教育超越论的粗浅理解是，教育促进人的思想和行为的超越，促进人的发展，使人变得更美好。教育不是复制现存的生活，而是对现实的超越。这种超越要在社会实践和生活实践中去体现，并实现自我改造。这是鲁洁坚持马克思主义方法论、面对现实世界，对人性的缺失、教育本原的丧失提出的教育理念，是教育理论建设的创新。

1992 年，中国教育学会委托我主编的《教育大辞典》分卷本刚刚完成，紧接着要把分卷本合并为合编本。张承先会长又提出"再创造、高质量"的要求。合编本不是简单地把分卷内容合起来，而是要做增、删、并、改的工作。为了提高质量，提高辞典的权威性，我们改组了编委会，请了我国教育界的顶级专家作为编委，其中就有鲁洁教授。

21 世纪初，上海教育出版社提出在《教育大辞典》基础上编写《中国教育大百科全书》，希望我主持。我又想到请鲁洁帮助，她欣然答应担任副主编，在编写过程中帮助我审稿改稿，我们合作整整 12 年，《中国教育大百科全书》终于在 2012 年年底问世。

21 世纪我国基础教育课程实行重大改革。2012 年，耄耋之年的鲁洁接受教育部委托，主持小学《品德与生活》《品德与社会》国家课程标准的制定和教材编写的工作。那时她已有病在身，但为了完成这项工作，忍着病痛，坚持到小学去听课，和教师座谈。我听到这个消息，不禁为她担忧，更是感到钦佩。

我和鲁洁交往近 40 年，深深感到鲁洁学识渊博、思想敏锐、敢于探索、追

顾明远、周蕖2018年秋访问鲁洁

求真理、为人谦和、风度雅致。我们有共同的追求、共同的话语，愿为祖国教育的繁荣发展、教育科学的进步而出力，所以我们结成莫逆之交。后来她搬到南京师大新校舍，我曾专门去看望她两次。最后一次是2018年秋天，我和周蕖同去看望她，那时她已有疾病，但精神很好，我们比较放心。没有想到两年后她就离我们而去了。音容已逝，但精神不朽，我们永远怀念她。

（作于2024年7月18日）

32 /

陶卫

陶卫（1930—2020），天津人，教育实践家，曾任北京师范大学附属中学校长，北京师范大学教育处处长、教育科学研究所副所长

满怀教育热情的校长

陶卫，我们既是 70 年的老同学，又是一起在教育战线工作中的老战友。回想过去，不禁浮想联翩。

想起新中国成立之初，我们在和平门外老师大校园里的生活。我在教育系学习，他在化学系学习。虽然不是同一个专业，但那时学校里学生很少，全校只有 1 000 多名学生，而且几个文科系都在文化街二院上课，在和平门的同学就更少了，所以我们彼此非常熟悉。他毕业以后留校工作，我去苏联留学，1956 年回来后也留在北师大工作，又同在一个屋檐下。

1958 年 5 月，北师大党委派王焕勋教授到师大附中任校长兼支部书记。暑假，又派了陶卫等约 40 名师生去附中搞教育改革。王焕勋邀我去帮助他设计教改方案，结果把我留下任教导处副主任。留下的还有陶卫（同任副主任）和几位师大应届毕业生。当时教导处主任蒋伯惠同志因病休息，学校具体工作基本上由我和陶卫负责，陶卫负责教学和高中，我负责班主任工作和初中。从此我们又在一起，整整工作了四年。我们配合默契，合作愉快。我因为留苏耽误了入党，还是经他和钱曼君介绍于 1959 年在附中加入了光荣的中国共产党。陶卫工作认真，深入课堂，狠抓教育质量。那时北京市的中学三足鼎立，师大附中、女附中、四中是最有名的学校，轮流获高考成绩第一名，竞争十分激烈。1960 年，师大附中在陶卫的带领下，竟然争得北京市高考成绩第一名，大家都非常高兴。

我和陶卫不仅工作在一起，而且生活在一起。那时师大附中只有一幢教学楼，学生基本上都在平房的教室里上课。学校没有暖气，冬天每天早上先要生火取暖。烧的是煤球，那时还没有蜂窝煤。我和陶卫同住在南面教师宿舍的一间平房里，每天要生炉子。我是南方人，开始不会生炉子，陶卫教我，总算学会了。但有时到晚上下班，炉子已熄火，懒得再生火，两人就在冰冷的屋子里睡下。我们在那里同屋住了两年，等他夫人陈俊恬从苏联留学回来，我才把宿舍让给了他们。

1962年，我被调回了北师大，他一直留在附中工作。他在"文化大革命"中受到很大冲击。改革开放后，他仍意气风发，担任附中校长，恢复教学秩序，提高教学质量，为附中的建设作出了巨大贡献。

1984年，我任北师大副校长，负责附属学校的工作。为了加强北师大与中小学的联系，学校成立了教育处，我就邀请他来任教育处处长。他帮助我做了许多工作，减轻了我的负担。1985年，北京燕山石油化工公司（简称燕化公司）希望北师大帮他们办一所中学，以稳定那里的技术干部。我和陶卫应时任燕化公司党委书记吴仪同志之邀，访问了燕化公司，当场就无条件地决定开办北京师范大学燕化附属中学，并决定由陶卫负责筹办。陶卫与公司领导选校址，盖校舍，招聘校长、教师。学校盖起来以后，燕化公司聘请他任名誉校长，他又帮助学校设计建设方案、学校规程，进行课程改革、教师培训等工作，可以说费尽心血。这是北师大第一所与企业合作办学的学校，现在北师大燕化附中已经是北京市的示范高中。他为学校建设作出了重大贡献，我想北师大燕化附中的师生们一定会怀念他。

20世纪90年代初，北师大撤销了教育处，陶卫转入北师大教育科学研究所工作。陶卫与所长闫金铎教授开展了五四学制的研究，与学科教学论的专家们共

陶卫（左一）与顾明远（左二）在北京师范大学燕化附中

同编制了一套五四学制用的教材，由北京师范大学出版社出版。这套教材是当时提倡一纲多本时全国八套半教材中的一套，是专供地方五四学制使用的教材。这套教材在山东诸城、湖北沙市等地使用了约十年，直到新课改开始才停止。在试用这套教材的过程中，陶卫带领编书的老师们跑遍了试点的各个省市，向他们介绍教材的特点，帮助他们培训教师。当时还没有高铁，有一些乡村甚至没有公路，工作条件十分艰苦。陶卫那时已年逾花甲，但仍旧热情地奔跑在教育第一线。

21 世纪初陶卫退休以后，退而不休，仍然担任北师大培训机构的专家顾问，为培训机构出谋划策，做讲座。他还受邀担任北京中加学校的首任党支部书记，为中加学校的教师队伍建设作出了贡献。

陶卫是北京市名校中的名校长之一，为人正直，待人热情，做事真诚。他满怀教育热情，一辈子从事教育工作。他有丰富的教学经验，在北京市基础教育界有很高声誉。他的讲座既有理论又有实际，讲话生动，很受老师们的欢迎。可惜他晚年患糖尿病等多种疾病，淡出了教育界的视线。前年我去看他，他已经走路困难，无法出来活动，心情有点郁闷。我劝他好好休息，保养身体，没有想到他先我而去。悲伤之余，为了纪念，我就写一点这些琐事。

（原载《如梦集》，北京师范大学出版社，2022 年，略有修改）

33 /

尹俊华

尹俊华（1930—2023），江苏江阴人，曾任北京师范大学物理系副系主任、现代教育技术研究所副所长

现代教育技术学科的开拓者

尹俊华是我的中学同学。回想起来，当时我们学校里兴起踢一种小足球，球比普通的足球小，比赛时每队 7 个人。在初中二年级的时候我们就组织了一个小足球队。尹俊华刚从上海回乡上学，球艺高超，我们就把他推举为足球队队长。我也喜欢踢足球，但因为个子矮小、身体瘦弱，正式比赛时他们不让我上场，为了安慰我，推举我为领队，负责后勤等组织工作。于是一个队长、一个领队，我和尹俊华配合默契，成了亲密的朋友。我们的小足球队在尹俊华队长的带领下，成了江阴最强的球队。有一次还战胜了无锡来的一支球队。

尹俊华学习刻苦，成绩优秀，书法也好。他的家在江阴北门外长江边上，离学校较远，因此就寄宿在学校里。课余时间我们就一起学习、踢球、打乒乓球，开展各种活动。高中我们组织了曙光文艺社，办报刊、出期刊，尹俊华是社团的骨干。抗日战争时期，学校被日军炸得只剩下几间平房，没有任何仪器设备，物理化学都是在黑板上"做实验"，物理化学我都没有学好。但尹俊华的物理学得很好，我常常去请教他。

1948 年我们高中毕业，我没有考上大学，就到上海一所私立学校教书。尹俊华上了大夏大学历史系。大夏大学即华东师大的前身，在中山北路以西，当时是上海的郊区，荒僻的乡村，周围都没有什么房舍。1949 年 4 月解放军渡江，4 月 23 日我们的家乡江阴就解放了。接着解放上海，把上海围了起来。大夏大学疏散，尹俊华住到愚园路一个体育馆里，睡在篮球馆的地板上。我去看他，说这样不行，就把他接到我的学校。我教书的学校是一个所谓弄堂学校，很小。我住在亭子间里，小小的亭子间挤了三张床三个人，不可能再搭床。我们两人只能

曙光文艺社工作人员合影
后排左一为沈鹏，右一为顾明远，右三为尹俊华

睡在一张床上。我睡的是由铁片搭成的铁皮床，铁片已经被压得成了布袋形。没
有办法，只好去找了一块木板，平置于床板坑上。我们两人就在一张床上睡了一
个月。1949 年 5 月 25 日，上海苏州河那边已经解放，我们学校在苏州河东面，
还没有解放。26 日解放军打过来，我们俩爬到屋顶上趴着看解放军过来，迎接
了上海的解放。

1949 年，我和陈寿楠同学考上了北师大，来到北京，兴奋地、激动地参加了开国大典。我知道尹俊华并不喜欢学历史，就写信希望他报考北师大。翌年他真的考上了北师大物理系。我们又在同一个学校学习了。1951 年我到苏联去留学，把破旧的行李都留给了他，他送我一条毛巾毯，我一直使用到 80 年代。1956 年我从苏联回到北师大，我们又同在一个屋檐下，从此就没有分开。虽然不在一个系，但常常你来我往，联系不断。

1977 年，教育部在北京召开重点高等学校应用学科和新技术学科规划会议，讨论制定《1978—1985 年全国科学技术发展规划纲要》。当时我任学校教务处副处长兼文科组组长。我从当时外国教育研究中了解到，国外大学已应用计算机辅助教育。我就请尹俊华去参加会议，争取把现代教育技术列入规划中。于是，在全国科学技术规划中正式列入了开展现代教育技术手段的研究课题，即研究现代教育的新技术、新设备。1979 年教育部正式批准和同意在北京师范大学成立现代教育技术研究所，并将联合国开发计划署的援助款 100 万美元拨给北师大现代教育技术研究所购买设备。当时所长是金永龄，副所长是尹俊华，具体专业研究工作都是尹俊华负责。从此我国开始了现代教育技术学的研究。所以，尹俊华是我国名副其实的现代教育技术学科的开拓者、奠基人。

1991 年，国家教委电教司为了解决师范院校电化教育专业的教材编写问题，成立教材委员会，要聘任我为主任委员。我开始不答应，我说，对教育技术，我是外行，一窍不通，怎么能当主任委员？电教司司长邢纯洁说，电教界的专家都是物理学出身，要有一位教育学出身的专家参加。再加上尹俊华、乌美娜的撮

前排左四为顾明远，左五为南国农，左六为袁行开，左七为瞿葆奎；后排左四为尹俊华，右一为乌美娜

合，就把我拉上了架。委员里有北师大何克抗、华东师大王凯、东北师大谢邦同、西南师大陈承志、陕西师大谢景隆、华南师大李运林，聘请了南国农、瞿葆奎、王逢贤为顾问，尹俊华为秘书长。电化教育（教育技术）专业教材委员会第一次全体会议于1991年5月在北师大教育管理学院召开。会上我发现，大家对于专业的名称有分歧，老一辈电教专家和华南师大专家坚持称电化教育，北师大

和华东师大专家认为国外都已称教育技术，已不限于视听工具，开始计算机辅助教学了，我们也应称教育技术。据说已争论多年。我和尹俊华商定，为了团结，两种称呼都使用，在国内仍用电化教育，对国外称教育技术，即电化教育（教育技术），从此化解了矛盾。尹俊华随后在调查研究的基础上制定了该专业的教学计划、课程安排、学分学时要求。这是我国第一份教育技术专业的教学计划，为后来教育技术专业的建设和发展奠定了基础。全国高校教育技术学教学指导委员会成立时，仍聘我为主任委员，尹俊华为秘书长。1997 年，秘书长由乌美娜继任，尹俊华为顾问，他指导委员会的工作一直持续到 21 世纪初。尹俊华为我国教育技术学的建设作出了不可磨灭的贡献。

我和尹俊华既是同学，又是同事；是教育战线的战友，又是亲密的朋友。我们为祖国的教育发展共同奋斗了几十年。交往之密、友谊之深，感情之切，八十年啊！怎么能用言语表达清楚？！没有想到他先我而行，我祝他一路走好！你的老友永远怀念你！

（原载《中国教师》，2023 年第 5 期，略有改动）

顾明远（左）与尹俊华（右）

34/

毕淑芝

毕淑芝（1930—2019），女，河北沧县人，教授，曾任北京师范大学外国问题研究所所党支部书记、比较教育研究所所长

研究所的掌舵者，青年人的贴心人

毕淑芝同志离我们而去已几年了。她去世以后，我很想写点什么，但不知道从何写起。我们共事交往近50年，要讲的话太多了，但又理不出一个头绪来。

1964年，中共中央国际问题研究指导小组和国务院外事办公室批准了高等教育部关于高等学校建立研究外国问题机构的报告，在北师大设立了外国教育研究室、苏联哲学研究室、苏联文学研究室、美国经济研究室。毕淑芝就被派到苏联哲学研究室工作，因为她留学苏联，读的就是哲学研究生。1965年底，北师大党委决定把这4个外国研究机构合并，成立外国问题研究所，校党委副书记谢芳春任所长、刘宁和我任副所长，我兼任教育系副系主任并负责编辑《外国教育动态》，毕淑芝任直属党支部书记。于是我们就成了一个单位的同事。但是，正当我们想一展宏图的时候，"文化大革命"开始了，我被迫离开了外研所。在"文化大革命"期间，老毕非常同情我、保护我，成了我的知心朋友。

1972年5月至6月，在周恩来总理关怀下，国务院科教组召开综合大学和外语院校教育革命座谈会，提到了1964年成立的外国研究机构。在这个背景下，北师大外国问题研究所开始恢复工作。当时我在北师大二附中工作。外国问题研究所在毕淑芝的组织领导下，做了许多工作，恢复《外国教育动态》为内部刊物，介绍外国教育，直到1979年共出刊22期。

1974年底，北师大党委决定调我回北师大工作，任命我为教育革命组副组长兼文科组组长。我当时很不愿意，希望回外国问题研究所从事研究工作。但时任人事处处长张殿选对我说，现在学校需要干部，如果你一定要回外研所，那就把毕淑芝调出来。我不愿意挤了老毕，只好接受下来。但身在学校，心还在外研所。1978 年在我校召开了第一次外国教育研究会，是在老毕的主持下进行的，我做了一些协调工作。

1979 年，学校党委决定撤销外国问题研究所，改建苏联文学研究所和外国教育研究所。苏联哲学研究室和美国经济研究室的同志自愿选择，可以回原来的系也可以参加这两个研究所的工作。没有想到，除个别同志回系以外，绝大多数同志都愿意留下参加外国教育研究所的工作。毕淑芝、曲恒昌、薛伯英、唐其慈等就都到了外国教育研究所。校党委任命我为所长，毕淑芝为直属党支部书记。

1989 年，毕淑芝（左一）和顾明远（右二）在加拿大蒙特利尔参加第七届世界比较教育大会

于是我们两人又开始合作直到她离休。1984 年，我到学校工作，她继任外教所所长，周蕖任书记。我虽在学校工作，但专业研究工作一直没有脱离外教所。当时学校领导班子以王梓坤院士为首，都有自己的专业，所以决定每周二都不开会，回各自的系所从事教学科研。

外教所成立以后，我就和老毕商量如何把外教所建设好。我们认为，外教所应该成为外国教育资料库、咨询库、教育学科建设的平台，以及国际化人才培养的基地。时值改革开放初期，教育部门渴望了解国外教育的情况和经验。我们首先恢复了《外国教育动态》（1992 年更名为《比较教育研究》）的公开出版，组织编写各国教育概况，介绍世界各国教育改革和发展的动态与经验，为当时各级各类学校的重建和教育改革提供国际视野，为教育部提供资料和咨询，如为我国学位制度的建立、师范教育的建设提供了大量外国资料和咨询报告。

1979 年，我们招收了第一批比较教育研究生，有李守福、李春生、王觉非等，为后来申报硕士、博士授权点奠定了基础。1983 年 7 月，我所被国务院学位委员会批准比较教育学博士授予权，我任博士生导师。当时一个学科只能有一位博士生导师，老毕把我推到了第一线。1985 年，我们招收了第一位博士研究生王英杰。他在攻读博士期间由毕淑芝负责教授哲学学位课程、符娟明负责教授比较高等教育学位课程、我负责教授教育学基本理论课程。可以说王英杰的博士学位是由我和毕淑芝、符娟明三人共同指导完成的。

老毕为外教所的制度建设、文化建设做了大量工作。外教所坚持"立足中国，放眼世界"的办所方针；坚持严谨治学，教书育人；坚持精诚团结，守成出

2018 年 4 月 27 日，老朋友们在毕淑芝家里相聚

新。外教所在她领导的 15 年中产出了大量研究成果，培养了一批硕士博士。外教所成为一支精诚团结的团队，形成了同事之间互敬互爱，在工作上互相学习、互相帮助，在生活上互相关照的团队文化。

老毕留苏是学哲学的，转而从事教育研究，发挥了哲学思维的优势。在任期间，她不仅领导全所人员开展比较教育研究，完成了几届五年社科规划重点项目，而且亲自撰写翻译了许多苏联教育著作，特别是对苏霍姆林斯基教育思想有深入的研究，成为我国研究苏联教育的专家。1981 年，她与唐其慈、赵玮翻译的苏霍姆林斯基的《把整个心灵献给孩子》出版，1991 年，她与唐其慈、王义高编著的《苏霍姆林斯基的全面发展理论》出版，较早地把苏霍姆林斯基教育思想介绍到中国。

老毕为人真诚、待人和蔼可亲，同事给她起的绰号是"老太太"。其实我们俩是同龄人，她还比我小几个月呢。因为她体态雍容、为人谦和，总是笑呵呵的，有点像老婆婆，所以给她起了那样的外号，她也从不介意。她非常重视对年轻人的培养，当时胡劲松、刘军、肖甦等都是她的宠儿。

她离休后，一直关心外教所的发展。我们常到她家里聊天，我们是同事，更是挚友。后来她搬到老伴老王的干休所以后，我们的交往少了，因为实在太远了，去看她不容易。但我们经常有电话往来，打一次电话，她可以与周蕖聊个把小时。可惜她晚年身体欠佳，聊天也就少了。2019 年春，她的女儿王青从国外回来，我们还一起聚餐了。没有想到当年秋天她就离我们而去了。我们永远怀念她。

（原载《如梦集》，北京师范大学出版社，2022 年，2024 年 11 月 4 日修改）

35/

梁忠义

梁忠义（1930—2003），吉林双阳人，比较教育家，曾任东北师范大学比较教育研究所所长、中国教育学会比较教育分会会长

合作的伙伴，真诚的挚友

　　20 世纪 70 年代末，一本《日本的经济发展和教育》小书在我国教育界广为传播，产生了很大的学术影响。这是吉林师大日本教育研究室的梁忠义、王桂等老师翻译的日本文部省的一份报告，书中从投资的角度论述了教育和日本经济发展的关系。这本书之所以受到我国广泛的关注，是因为当时"文化大革命"刚结束，党的工作重心转到经济建设上来了。邓小平提出要尊重知识，尊重人才，强调我们要实现现代化，关键是科学技术要能上去，而发展科学技术，不抓教育不行。这本书恰好是讲教育在日本经济发展中的作用的。这无疑为我国要发展教育、教育要为社会主义现代化建设服务、社会主义建设要依靠教育提供了有力的佐证。

　　1964 年，国务院外事办公室批准在高等学校设立外国问题研究机构。吉林师大日本教育研究室就是当时建立的四个外国教育研究室之一，同时成立的还有北师大外国教育研究室、华东师大外国教育研究室、河北大学日本问题研究室。"文化大革命"后，在 1978 年，四个研究机构在北师大召开了第一次外国教育研究会。当时梁忠义就参加了会议。从此，梁忠义和北师大外国教育研究所（现国际与比较教育研究院的前身）有了不解之缘，我们两人的友谊也是从那时建立起来的。其实梁忠义本是北师大校友。新中国成立初期，他是北师大教育系研究班的学员，毕业后被分配到吉林师大，并长期从事日本教育研究。自改革开放，比较教育学科重建以后，我们之间的关系就密切起来，合作也越来越多。我不仅请他来参加研究生的毕业答辩，还经常请他来讲学。我也经常到东北师大（原吉林师大）参加他主持的学术活动。北师大比较教育研究中心成立时，我请他担任中心的顾问，还与他联合培养了几名博士生。他成为北师大比较教育研究中心的编外教师。

左二、左三分别为梁忠义、顾明远

　　1979 年，四个研究机构在上海召开第二次研究会，并成立了外国教育研究会，即中国教育学会比较教育分会的前身。从那时起我就和梁忠义在研究会一起共事。1983 年到 2001 年，我一直担任中国教育学会比较教育分会会长。1986 年，梁忠义开始担任比较教育分会的副会长，又于 2001 年出任会长。算下来，我们一起为比较教育分会的工作和我国比较教育的发展奋斗了 30 多年，应该说，梁忠义对比较教育学科的建设作出的贡献是有目共睹的。我们两人也在工作中结成了深厚的友谊。

梁忠义是日本问题研究专家，对日本教育有深刻的研究和理解，先后发表了许多重要著作，还担任《外国教育研究》的主编。在比较教育界，我们俩有许多合作。1983 年全国第二次教育科学规划会议，我们申请到了关于战后世界教育发展的课题，之后我主编了《战后苏联教育研究》、梁忠义主编了《战后日本教育研究》。1986 年我主编《教育大辞典》，比较教育分卷中有关日本教育部分的编写当然非梁忠义莫属，他帮助我完成了《教育大辞典》的繁重工作。

20 世纪 90 年代中期，我刚完成《中国教育大系》的出版工作，梁忠义找到我说，我们再编一部《世界教育大系》吧。我当然赞成，但已感到筋疲力尽，无法胜任。但梁忠义却坚持要我担任总主编，并积极地筹备起来，组织比较教育界的同仁一起完成了 20 卷的编纂工作，并于 2000 年由吉林教育出版社出版。这部巨著实际上是梁忠义花了极大的精力完成的，但他却谦虚地要我当总主编，我心里一直感到有愧于老梁同志。这从侧面反映了我俩无私的情谊。

梁忠义很早就与日本教育界开展交流，结交了许多日本学者，推动了中日教育的交流与合作，促进了中日人民的友谊。

梁忠义治学严谨、态度谦和、严于律己、宽以待人，对工作兢兢业业，对学生循循善诱，对朋友忠诚友好，正是一位受人尊敬的大先生。

（作于 2024 年 11 月 29 日）

36/

王义遒

王义遒（1932—），浙江宁波人，科学家、教育家，曾任北京大学常务副校长、教务长

卓越的大学管理者

我与王义遒教授是在改革开放初期认识的。当时高等学校恢复高考招生，重建教育秩序。1980 年，北京市高教局和中国教育学会在全国政协礼堂联合举行高校干部讲习班，我去讲了第一讲"现代生产与现代教育"。会后王义遒和北大教务长汪永铨教授找到我，希望我给北大干部讲讲教育教学问题。于是我就去讲了"试论高等学校教学过程的特点"。从此我们便成为朋友。王义遒教授是一名物理学家、科学家，有许多创造发明，获得过多项国家大奖。他又是一名教育家、卓越的教育管理者，在北大建立了科学的严格的教学、科研管理制度，有精辟的教育理论见解。他特别关心学校的文化建设。20 世纪 90 年代中期开展了一场大学文化大讨论，王义遒教授是这项运动的倡议者、参与者。我和他在多次研讨会上见面。此后，我们又一同参加了由清华大学胡显章教授、国家教委高教司王冀生副司长推动成立大学文化研究中心的活动。1996 年 6 月 29 日，我们又共同参加了在清华大学召开的大学文化研究中心成立 20 周年座谈会，9 月 8 日共同参加了中央召开的优秀教师座谈会。

1997 年，王义遒教授把他在北大从事教育管理的经验汇集成册，邀我为他作序，情不可却，写了序言。现将序言附后，再一次表达对这位大先生的敬意。

大学肩负着教育和培养人才、开展科学研究、为社会服务等多种职责。但是大学最根本的任务是培育人才。大学开展科学研究无疑是必要的，只是因为，不开展科学研究，就无法保持大学的学术水平，也就不可能用最先进的科学文化知识去培育人才；大学为社会服务也是义不容辞的，这是因为，只有更好地为社会服务，大学才能不断适应社会的需要，大学本身也才能发展，同时在为社会服务的过程中使人才得到更好的锻炼。因此，育人是大学的本质所在，教学是大学的中心任务。即使不少专家认为，大学既是教学中心，又是科研中心，但它们还是有主有从的。学校以教学为中心，这恐怕是颠扑不破的真理。

要把大学的教学工作管理好，需要全校工作的配合。我认为，除了物质条件和外部因素之外，从教学内部来讲最关键的是两条：一是课程建设，二是教师队伍建设。课程建设从上延伸就涉及专业的设置、教学计划的安排；从下延伸就涉及教材的建设和教学组织形式的选定。教师队伍建设则与科学研究、教学实践相联系。在这两条中，教师队伍建设尤为重要。因为课程建设也是要靠教师去完成的，当然两者是相互促进的，有了高质量的教师队伍，就能把学校的课程建设好，就能保证教学的质量；同时，在课程建设、科学研究和教学实践中又锻炼和培养了教师队伍。

上述的道理我是从王义遒同志的论文集中悟出来的。王义遒同志长期从事大学的教学管理工作，先是任北大教务长，继而任常务副校长，十多年来对北大的教学改革起了总指挥的作用，北大在教学科研上所取得的成绩是与他的工作分不开的。这本论文集内容涉及了从 20 世纪 80 年代中期以来王义遒同志对北大教学改革的意见、方案和具体措施。从这本论文集中可以看出，王义遒同志不仅是一位卓越的教学管理工作者，而且是一位有心的教育研究工作者。他对大学的教学工作，特别是理科教学有很深入的研究，有精辟的见解。论文集中有较大的篇幅论述了大学理科教育的任务、现状和存在的问题，提出了解决问题的办法。正如他在论文中讲到的，理科教育是工农医工程技术教育的基础，"理科的任务侧重在认识自然，以研究各种自然现象的基本规律为主要目的"，它与工农医科应用自然规律于实际不同，"理科教学是使学生掌握本门学科的基本知识、基础理论以及运用研究方法和工具的基本技能"。当然，理科为了适应社会的需要，增设一些应用理科专业，加强理科与实际的联系是十分必要的。但是作为基础学科的理科教育在整个高等教育中是不能被削弱的，否则我国的技术教育就会缺乏基础，科学技术的发展就会缺乏后劲。这些观点我是完全赞同的。

王义遒先生

　　王义遒同志作为北大的常务副校长，对学校的校风校纪给予了特别的关注。他为北大校刊写了一组"谈学话教"的小品文。这些文章不仅文笔诙谐流畅，而且寓意深刻，深含哲理，读来脍炙人口。例如在《知识知识》一文中，他说有知之士未必是有识之士。识要以知为基础，但知多并不一定识之，知识就是要从获知到求识。又如在《学问学问》一文中，他说，"学而不思则罔"，思就要问，能够提出问题的人才真有学问，我们的学习就是要"以问求学"。还有《读书读书》《创新创新》等小品文中都有他的新见解。这些文章虽都是数百字的小品文，但都包含着大道理。用这种文体发表在校刊上，自然会吸引广大青年学生，并给他们以启迪。

　　我和王义遒同志相识已多年，本来没有资格为他的集子写序，只是作为老朋友写点读后心得而已。

（原为《谈学论教集》序，1997 年 5 月 29 日略有改动）

37 / 郝克明

郝克明（1933—2023），女，陕西长安人，教育家、教育发展战略研究家，曾任国家教育发展研究中心专家咨询委员会主任，中国教育发展战略学会会长

教育发展战略研究开拓者

　　大约是 1980 年秋天，北师大外国教育研究所来了两位客人。他们是北京大学刚成立不久的高等教育研究所的领导郝克明和汪永铨。他们说，他们不是教育学科班出身，关于怎样研究高等教育，办好高教所，想与我们交流一下。其实，北师大外国教育研究所当时也成立不久，研究所成立以前的外国教育研究室虽然从 20 世纪 60 年代就开始接触外国高等教育了，但对高等教育的研究也没有什么经验，我们大家就聊起来。从此，北师大的外教所（现在的国际与比较教育研究院）与北大的高教所（现在的教育学院）就有了长期密切的联系。

　　20 世纪 80 年代初，郝克明调任教育部政策研究室工作。1985 年，国家教育委员会成立，郝克明任专职委员。1986 年，在郝克明的提议和努力筹备下成立了国家教育发展研究中心，郝克明任主任。这是一个研究国家教育发展大政方针的带有智库性质的研究机构。中心聘任了教育专家、地方教育部门的老领导作为研究员，有潘懋元、汪永铨、鲁洁、王逢贤、吕型伟、邵宗杰等，我和周蕖也名列其中。后来中心成立专家咨询委员会，又邀请我担任咨询委员会的副主任。中心每年召开一两次会议，讨论国家教育发展的重大问题，如根据国际经验和我国的国情，多次建议教育经费投入不能少于国民生产总值的 4%、义务教育要免费才能普及，讨论高等教育的质量保障和高等教育大众化以后结构调整等问题。我在中心的研讨会上学习了许多东西，各地教育部门的领导介绍了各地教育发展的情况，使我更深入地了解了我国的国情；大家互相讨论，深化了我对教育改革和发展的认识。

　　郝克明对教育的发展具有高瞻远瞩的眼光，她提出要研究带有全局性、长远性、未来性的教育发展战略问题。研究教育发展战略问题的提出，对我国教育研

前排左三为顾明远，左四为郝克明

究具有重大意义。长期以来，我国教育科学的研究局限于学校中教育与教学的微观层面问题，很少关心涉及教育与国家经济社会发展关系的宏观问题和国家教育政策的制定问题。改革开放以后，邓小平同志提出教育要为社会主义建设服务，"教育要面向现代化，面向世界，面向未来"。教育科学只研究教与学是远远不够的，要从宏观上研究我国教育的发展，从而科学地制定教育政策。郝克明敏锐地关注教育在经济社会发展中的地位和作用，提出教育发展的战略研究，为国家制定教育方针政策提供了咨询，具有重要的意义。2005 年，郝克明又创建了中国教育发展战略学会并担任了第一届会长。郝克明不愧是教育战略研究的开拓者、创始人。

郝克明参加了 1993 年《中国教育改革和发展纲要》（以下简称《纲要》）的制定工作。为此她做了大量的研究，召开多次座谈会。《纲要》结合对国际国内形势的分析，面向 21 世纪，提出了要建设终身教育体系，实现教育现代化的目标，为新世纪教育改革指明了方向。

郝克明立足中国，放眼世界。她邀请美国卡内基教学促进基金会主席欧内斯特·L. 博耶来华讲学，组织编写了一套《发达国家教育改革的动向和趋势》，1989 年在北京又成功承办了与联合国教科文组织联合举行的 21 世纪教育国际研讨会。

郝克明胸怀大局、情系教育，晚年热衷于终身教育和学习型社会的发展，发文章、做报告，呼吁建立开放大学，为全民学习创造良好的环境和条件。郝克明把一生献给了教育事业，为我国教育改革和发展作出了杰出贡献。

我与郝克明同志交往了 40 多年，建立了深厚的友谊。深感她对教育的热情，对同志的真诚。我敬佩她有坚强意志，不媚上、不唯上，以及她坚持真理、不讲空话、严谨治学的工作态度；对同志、朋友热情友好，对年轻人爱护帮助的待人作风。她在教育发展和政策研究中心培养了一批干部。今天我们失去了一位卓越教育家、一位好朋友，我深感悲痛。让我们学习她的教育思想，继承她的遗志，为实现中国教育现代化而努力。

（作于 2023 年 1 月 17 日）

顾明远（左）与郝克明（右）

38/

王炳照

王炳照（1934—2009），河北景县人，教育学家，北京师范大学教育系教授，曾任《北京师范大学学报（社会科学版）》主编，国务院学位委员会教育学科评议组成员

中国教育史学的带头人

炳照走了，不辞而别，他走得如此突然，那么仓促，我们没有来得及话别，没有来得及再叙叙旧。炳照常常称我为老师，其实我哪里是他的老师，而是同学，是同事，是朋友，只不过我比他年长几岁，早几年毕业而已。我认识炳照是在1962年我从北京师范大学附中调回北京师范大学以后，他正在中国教育史研究班学习的时候。我因为在北京师范大学只上了两年学就到苏联去了，没有学过中国教育史，所以就到中国教育史研究班去旁听。我说与炳照是同学，一点不假。炳照毕业就留在教育系，因而我们又是教育系的同事，一直到他走的那一天，其间我们又曾同是国务院学位委员会教育学科评议组成员，每次开评议会他都帮助我做许多工作。他还帮助我编纂《中国教育大系》《中国教育大百科全书》。我们两人的情谊岂能用同学、同事、朋友几个词说得清楚。

炳照是中国教育史学界承上启下的人物。他师承毛礼锐、陈景磐、陈元晖、邵鹤亭、瞿菊农等老一辈教育史学家，"文化大革命"以后，他接过这批老先生的班，开拓中国教育史的研究。他主编了《中国教育思想通史》《中国教育制度通史》等，又参加了《中华人民共和国教育史》的编纂工作。他对我国古代私学、书院和科举制度又深有研究。他不仅研究中国教育通史，而且拓展了对区域教育发展史的研究。他对教育史学也有较深的研究和独特的见地。

他坚持教育史研究中"古为今用，以史为鉴"的史学原则，认为研究中国教育思想史是要"探寻教育思想产生、发展及其演进的历程，挖掘历代教育思想的丰富内涵，总结前人认识教育现象、指导教育实践的成功经验和失败教训，揭

国务院学位委员会教育学科评议组成员合影
前排右一为王炳照，右二为汪永铨，右三为顾明远，右四为潘懋元

示教育思想发展的客观规律"；研究中国教育制度史"也不能仅仅局限于对历代
教育制度作出历史文献史料的描述，更重要的，是应该在重新审视中国历史教育
制度的形成、发展和变化时，回答教育制度作为一个历史存在物的特性，及其与
现实存在的教育制度之间的关联，探讨现代教育问题的历史根源"。他在史学研
究中始终坚持辩证唯物主义和历史唯物主义的方法论，坚持实事求是。例如他对
待传统教育持"两点论"的态度，认为中国传统教育具有鲜明的二重性——"传

王炳照先生

统教育重视德育，提高了中华民族的文化素养和文明程度，形成了多方面的传统美德，同时又强化了神权、君权、父权、夫权，勒紧了四大精神枷锁"。只有坚持"两点论"才能认识传统教育的本质，才能正确处理传统教育与教育现代化的关系。

虽然炳照是研究中国教育史的，但他一直关注中国教育改革和发展的现实。他对基础教育、职业教育，特别是师范教育给予了很大的关注，撰写了许多论文。直到他去世前夕，还对当时国家制定中长期教育改革和发展规划纲要提出中肯的意见。

炳照作为国家重点学科的学术带头人，不仅开展了中国教育史多领域的研究，而且培养了 15 届博士研究生，有 40 多名获得博士学位，为中国教育史的学科建设作出了重大贡献。

炳照为人达观、率直、诚恳，乐于助人；他治学严谨、慎思、笃学，勇于探索学术创新；为师以身作则，诲人不倦。他为教育学科的建设、人才培养特别是中国教育史的建设作出了重大的贡献。《王炳照教育文集》的出版不仅是对炳照的最好纪念，也丰富了中国教育理论宝库。读者一定会从他的论文中学习到他的道德文章。正是：

做人、做事、做学问一丝不苟，精神常在；
同学、同事、同讲坛四十余载，情谊非常。

（原为《王炳照教育文集》序，作于 2010 年 5 月 8 日）

39/

王大中

王大中（1935— ），河北昌黎人，科学家，教育家，中国科学院院士，曾任清华大学校长

世界一流大学的筑梦人

捧读完《王大中教育文集》以后，我感觉仿佛一座中国最高学府、世界一流大学就矗立在眼前。清华大学，这所中国学子梦寐以求的学校，建立于100多年前风雨如磐的中国大地。一个多世纪以来清华大学历尽坎坷，但始终秉持科学救国的理想，与民族共命运，与时代同步伐，孕育了大批创新人才，形成了独特的清华传统。它的发展是与历届校长先进的大学理念、科学的管理方法、自身的学术魅力和人格魅力分不开的。王大中院士掌校的十年正是清华大学跨世纪发展的十年，是清华大学奔向世界一流大学的头十年。他对清华大学发展的贡献是清华人有口皆碑的。《王大中教育文集》集中反映了他的教育思想、办学思路、改革创新的精神、精细管理的经验。该书不仅记录了清华大学探索创办世界一流大学的历史轨迹，而且为我国大学的发展提供了先进的理论和经验。

《王大中教育文集》中，王大中校长的教育思想赫然纸上。我粗浅的体会有以下几点。

王大中校长始终把立德树人、培养人才放在大学核心的位置。大学的本质是什么？我曾经在清华大学举办的大学文化论坛上说："大学的本质就是求真育人。"求真是开展科学研究，创造新的知识；育人是培养品德高尚、学术精湛的人才。大学不同于研究机构，育人是第一位的，开展科学研究，除了创新知识、服务社会外，也是为了用科学研究的成果来培养高质量的人才。王大中院士在担任清华大学校长以后，在全校师生中开展了"面向21世纪教育思想大讨论"，提出"清华的教育改革，核心问题是要回答清华在21世纪培养什么样的人，如何培养的问题"。他在关于"转变教育思想，更新教育观念，推进教育改革"的报告中说，"在确定我校人才培养目标时，既要继承清华办学历史上优良传统，又要适应时代要求有所发展。学校经过反复研究，将我校人才培养目标概括为：面向 21 世纪的'高素质、高层次、多样化、创造性'的骨干人才"，并在报告中详细解析了高素质、高层次、多样化、创造性的内涵。立德树人是学校的根本任务。王大中校长特别强调对学生综合素质的培养。他说："教育从着重传授知识，到在知识基础上注重能力的培养，到重视素质教育，应该说是教育更接近其本质的观念性变革"，因而要加强"学生思想道德和人文素质教育"。

在培养人才上，王大中校长特别重视创造性的培养和个性的发展。王大中校长是中国科学院院士、核能物理专家，他十分了解和关注当代科学技术的发展趋势。他认为，21 世纪，世界科技突飞猛进，一个以知识和信息为基础的、竞争与合作并存的全球化市场经济正在形成。在知识经济时代，国家的创新能力是决定一个国家、一个民族前途和命运的重要因素。因此，"大学必须改变传统的只传授现成知识的教育模式，而要树立创造性的教育思想"。现代社会的人才结构是多层次、多规格、多方面的，而每个学生在志向、兴趣、知识、能力等方面却存在很大差异，因此，教育要把全面发展与个性发展结合起来，重视学生的个性发展。王大中校长在报告中科学地、辩证地论述了学生全面发展与个性发展的关系，认为二者是不矛盾的，是辩证统一的，"学生的个性发展是全面发展的核心，全面发展是其个性发展的基础"，而且学生的个性发展是培养创造性的重要因素。

王大中校长在追索世界一流大学时总是把学科建设放在大学的学术中心位置。他说："建设一流大学学科建设是核心。""一流大学应在国家创新体系当中

王大中先生

起重要作用。清华应在世界高科技发展的主要领域占据前沿位置，并结合我校实际在某些方面形成有特色的优势学科，这是我校学科建设的总体目标。"王大中掌校清华十年正是清华大学奔向世界一流大学的头十年，他提出学科建设"综合性、研究型、开放式"的总体思路。清华大学在新中国成立前是一所学科齐全的综合性大学，文理各科都有一流的学科和大师级领军人物。新中国成立后，1952

年，全国高等学校院系调整，把清华大学的许多文理科都调整到其他学校，清华大学变成一所纯理工科大学。"文化大革命"期间又遭受到严重破坏。"文化大革命"结束后初期主要是恢复元气，20世纪90年代是清华大学学科重建、建设世界一流大学的关键时期。王大中校长任职以后，在学科建设上做了顶层设计，恢复了清华大学以前的许多重要学科，如重建文学院等，与中国协和医科大学等合作，与中央工艺美术学院等合并，使清华大学重新成为一所名副其实的综合性大学，并把新兴学科和交叉学科的建设与发展作为学校的特色，使学校向世界一流大学的目标迈出了重要的一步。

清华大学的老校长梅贻琦先生曾说："所谓大学者，非谓有大楼之谓也，有大师之谓也。"这已经成为大学办学的箴言。王大中校长秉持清华的传统，十分重视教师队伍的建设。他在每年的学校工作计划报告中都会强调教师队伍建设的重要性。他在1994年就职报告中就强调："世界一流大学都有一支高水平的师资队伍，有世界公认的学术权威、著名的学者。"他认为，这是建设一流大学最关键的问题。"九五"期间刚好是大学教师新老交替的时期，因此，要把教师队伍建设放在学校建设最重要的位置。要处理好质量和数量的关系，一是进人关，二是晋升关，要引入竞争机制。要加快青年骨干教师的培养，要培养年轻的学术带头人：一是业务尖子，二是科技帅才。王大中校长对他们提出三条标准：第一要是某一行的专家，学术造诣比较深，或者说有培养前途，很有潜力；第二要能够站在本领域的学科前沿和全局来把握学科的发展方向；第三要能团结人，能带领队伍打仗。在他的领导下，清华实施了人才队伍建设的"十百千"人才工程，使一批业务尖子和科技帅才脱颖而出。

王大中校长十分重视学校的文化建设，多次在清华举办大学文化的研讨会和论坛。我就参加过这些论坛。王大中校长认为学生的知识、能力固然重要，但综合素质更重要。他说，"在建设世界一流大学的过程中，人文社会科学学科的发展具有重要的战略意义"，并全面论述了人文社会科学学科在培养人才、发展综合交叉学科、研究和解决社会问题、满足广大师生的精神文化需求和建设一流大学学科体系等方面的重要作用。为此，学校加强了人文社会科学的建设，推动了自然科学与人文科学的融合。

王大中校长毕业于清华大学，长期任教于母校，为母校的重点学科核能物理的发展作出了重大贡献。他担任清华大学校长以后，更是怀着对母校的深切情怀，全身心地投入学校奔向世界一流大学的建设中。他秉持清华"古今贯通，中西融合"的传统，厉行改革，开创了许多新的办学思路和有力举措。他的教育思想和教育实践非常丰富，文集中有许多精辟的教育见解，我的体会只是举例于万一。读者一定会在文集中获得如何办好大学的更多的启发。大中校长邀我为文集作序，实不敢当，只能写这几点粗浅的体会，以表达我对大中校长的仰慕敬佩之情。

（原载《王大中教育文集》，清华大学出版社，2011 年）

40/

邱学华

邱学华（1935—　　），江苏常州人，特级教师，数学教育家

"尝试教学法" 创始人

　　邱学华老师是我国当代的教育家，他爱岗敬业，严谨笃学，从教 60 年来为国家培养了大批人才，为中国的教育事业做出了卓越贡献。邱学华老师在教学中勇于探索，敢于创新，专心研究教学方法，提高教学质量。20 世纪 90 年代初他创建了"尝试教学法"，并开展了实验研究，取得了显著的效果：学生学习积极性提高了，对教学内容理解得深刻了，学习成绩提升了，知识技能巩固了，学习能力养成了。起初，他的教学法作为小学数学教学法在小学实验，随后扩展到小学语文、常识、音乐、体育、美术等各门课程；后来又从小学延伸到中学，最近几年又延伸到职业教育。20 年来，"尝试教学法"的实验越来越广泛，越来越深入。在广泛实验的基础上，他总结了实验的经验，逐步上升到教育教学理论，提出了小学数学尝试教学法—尝试教学法—尝试教学原则—尝试教学理论—尝试教育理论—尝试学习理论，形成一整套教育理论体系。

　　"尝试教学法"不只是一种教学方法，也是一种教育理念。它的教育学原理是承认学生在教学中的主体地位，充分发挥学生的主动性、积极性和创造性，使学生在尝试中获得成功，在尝试中享受学习的喜悦。"尝试教学法"具有时代性、先进性。当今时代，科学技术迅猛发展，知识成倍增长，学校教学不可能也没有必要把现存的知识都传授给学生，更重要的是教会学生学习，从可持续发展的角度培养学生探究知识的能力。"尝试教学法"可以激发学生积极思维，学思结合、知行结合，培养学生的创造思维和学习能力。正是因为它是这样一种教学理论和学习理论，所以可以推广到所有学校教学。这为我国当前贯彻落实《国家中长期教育改革和发展规划纲要（2010—2020 年）》，坚持以人为本，推进素质教育，改革人才培养模式，改变陈旧的教学方法提供了鲜活的经验。

为了使他创立的"尝试教学法"理论让千千万万师生受益，邱学华老师不辞辛劳，呕心沥血，终年奔波在全国各地的教育第一线，每年都

邱学华与学生在一起

精心组织研讨会。我有幸参加过几次研讨会，被他对教育的激情所感染，被广大教师学习的热情所感动。他特别关照农村和贫困地区的教育，每次举行"尝试教学法"研讨会，都要邀请几十名边远地区、民族地区的老师参加，向他们赠送学习资料，组织他们参观优质实验学校，使成千上万名贫困地区的老师接触到先进的教育理念，学习到先进的教学经验。邱老师堪称现代教师的楷模，值得我们学习。最后，祝愿邱学华老师身体健康，永葆学术青春！

（作于 2020 年 3 月 5 日）

41 /

陶西平

陶西平（1935—2020），湖南益阳人，教育家，教育思想家，曾任北京市第十二中学校长、北京市教育局局长、北京市社会科学界联合会主席、北京市第十一届人大常委会副主任

博学多智的教育领导者

我和西平同志相识已整整 40 年，近 10 多年来更是常在一起，许多教育研讨会、论坛，似乎要把我们两人捆在一起，常常邀请我们两人同时出席。去年 10 月 25 日参加第六届中小学校长大会时，我们又见面了，他要在会上做报告，没来得及好好交谈，匆匆说了几句，他说第二天要住院了。但是没有想到，这次见面竟成永别。

初识陶西平

我认识陶西平是在 1980 年。当时我任北京师范大学教育系系主任，为了深入教育一线，学习基层经验，访问了北京市第十二中学。当时陶西平是校长，他向我介绍了"文化大革命"以后学校如何恢复教育秩序，狠抓教育质量，提出了"同心同德，兢兢业业，求实创新"的校训，还介绍学校为了解决经费困难，办起了校办工厂，为香港一家企业做西洋参加工。学校秩序井然，师生朝气蓬勃。那次访问给我的印象特别深刻，十二中有这样的校长，是学生的幸福。不久他升任北京市教育局局长。因为同在教育战线工作，时有见面交流。以后他任北京市社科联主席，我们的交往就多了起来。

中国教育学会共事

中国教育学会是教育工作者的群众性学术团体。学会领导班子的组成，包括

顾明远（左）与陶西平（右）

全国有影响力的教育行政部门的领导和学者。北京市推荐西平为副会长，从此我们在学会共同工作了 12 年。西平身处要职，先后任北京市教育局局长、北京市社科联主席、北京市第十一届人大常委会副主任、九届全国人大教科文卫委员会委员等职，还兼任联合国教科文组织协会世界联合会副主席。国内国外的活动十分繁忙，但他积极参加学会的活动，无论是学会的年会，还是中小学校长大会和各种论坛、座谈等都应邀出席讲话做报告。他做报告，事先总是认真准备，自己制作 PPT。他的报告视野开阔，高瞻远瞩，理论与实际结合，通俗易懂。常常把国外的见闻融入教育理念之中，每次都有新的观点，给人以启发。而且他的 PPT 图文并茂，深入浅出，非常受广大老师的欢迎。我在学会工作，得到了他的大力支持，由衷地感激。

支持民办教育事业

西平特别支持民办教育事业。他认为民办教育应该是我国教育体系的重要组成部分，有利于教育体制的改革。他参与起草了《中华人民共和国民办教育促进法》，为我国民办教育事业发展作出了贡献。他担任中国民办教育协会首任会长，为民办教育的发展做了大量工作。他还具体支持北京市私立汇佳学校、海嘉国际双语学校的工作，指出，要办好民办学校，要做到速度、效率、安全三者的平衡，建设良好的校园文化。北京师范大学实验中学王本中校长退休后，想为教育事业做出点贡献，发起了成立北京圣陶教育发展与创新研究院，邀请西平任院长、名誉院长，他欣然同意。2016 年北京师范大学几位教授，为了给教育改革提供更多的社会服务，创建北京明远教育书院，邀请西平为学术委员会主任，他欣然同意，并且为书院的发展出谋划策，指明方向。

参加教育规划纲要编制

为了制定教育规划纲要，2006 年 8 月 20 日上午，温家宝总理召开座谈会，我和西平都参加了。经过一段时间调查研究，2008 年 8 月 11 日启动了教育规划纲要制定工作。制定规划纲要从调研开始，因而组织了 11 个战略专题组开展调研。我和原上海市教委主任张民生担任第二战略组即推进素质教育研究组的组长。我记得西平担任的是第五战略组即义务教育组的组长。于是以后两年时间，我们经常在北京大兴的校长大厦一起讨论教育规划的编制。2010 年 7 月 13 日至 14 日召开了全国教育工作会议，之后，国家正式全文发布了《国家中长期教育改革和发展规划纲要（2010—2020 年）》。

到贫困地区调研

前几年，教育部组织国家教育咨询委员到西部地区调研，我们先后到了云南丽江、四川凉山、青海等地区。参观访问了许多学校。有一次到凉山州昭觉县碗厂乡大石头村小学调研，村小在一个山顶上，上山没有像样的路，我们在拐弯的地方差一点翻车。村小只有两间砖房，一个小学班，一个学前班。昭觉县教育局局长说，孩子从山下村里上来，至少要走半个多小时。局长还说，这所村小连厕所都没有，今年一定要把厕所盖起来，但盖围墙没有钱。西平和我都感到教育经费应该向农村贫困地区倾斜。当然，这是五年以前的事，最近朋友发来照片，村小已经建起了新校舍。

西平是位摄影家，在调研时他不仅拍摄了学校师生活动的场景，而且拍到了祖国大好河山的美景。在青海黄河源头还抓拍了我们的镜头，回来以后特意放大，做了镜框送给我。现在一直放在我的起居室里，看到它，就想到我们的友情。

支持明远教育基金活动

北京师范大学成立明远教育基金，设立明远教育奖。西平是理事、特邀顾问和明远教育奖评审委员会主任。他竭尽全力地支持基金工作，不仅为基金的发展出谋划策，而且认真参加理事会和历届明远教育奖评审工作。近些年来，我看他越来越忙了。他多次率团出国参加联合国教科文组织总部组织的知名高中校长论坛，参加北欧知名中小学校长论坛等活动，率领北京市中小学生金帆艺术团去参加国际青少年活动。前年他动了手术，术后依然奔波于国内国外，心怀教育，不辞辛劳。特别是去年春节前，他从英国回来刚下飞机，又赶到外地去参加活动，结果春节前在三亚发病。我劝他多休息，不能这样频繁地参加活动。他答应说，今年什么活动都不参加了，但是第四届明远教育奖评审工作，一定要参加。果然，8 月 20 日，他带病参加了理事会会议和评奖活动。这着实让我感动。特别令我感动的还有，去年 5 月 11 日，我在北京三十五中参加"高中教育 50 人"论坛，西平知道了，晚上特地赶到三十五中来看我，我们就共同在三十五中吃了朱建民校长亲手做的炸酱面，这是我与他最后一次同餐。我们的情谊，实在难以用言语来表达，他的去世让我悲伤不已。

共同理想

西平是一位政府官员，我是一个大学普通老师。我们为什么能紧密地走在一起？因为我们有共同的理想，就是希望我们的孩子健康成长、幸福生活，将来奉献祖国。西平不以做官为业，而是情系教育，并且能和基层教师打成一片，是一位专家型的教育领导者。在40年的交往中，我发现西平真是博学睿智，风范儒雅，不仅有丰富的教育经验，而且视野开阔，思想深刻，总是站在教育发展的前沿，具有很强的教育领导力。我向他学习了许多东西。他对教育事业的热情和不辞辛苦的奋斗精神，值得我们钦佩和学习。他的逝世是我国教育事业的重大损失。为了纪念他，我们只有努力工作，早日实现教育现代化。

19日早晨听到西平离我们而去的消息，心中无比悲痛，仓促中写了以下几句：

祖国情怀，世界眼光，博学睿智，奉献教育终身；
共同理想，交谊四旬，相济相助，泪送挚友仙逝。

（原载《中国教育报》，2020年5月25日）

42 /

李吉林

李吉林（1938—2019），女，江苏南通人，教育家，小学语文教育家，长期扎根于南通师范第二附属小学

情境教育思想的创始人

非常感谢李吉林老师邀请我来参加她所创建的情境教育思想的国际研讨会。和与会的朋友们一起讨论情境教育的理论和实践，丰富教育科学的宝库，并推动我国教育改革和实验，培养符合 21 世纪要求的创新人才，这实在是一件非常有意义的教育界的盛事。

李吉林老师开展情境教育的实验不是偶然的，是在改革开放以后"解放思想、实事求是"的思想路线指引下进行的。回顾 30 年前，我国教育遭到"文化大革命"的严重破坏，校舍破旧，师资缺乏，教学水平低下。在教育恢复过程中我们一直都在探索学校教学的改革。1979 年 4 月成立了中国教育学会，翌年暑期又在大连成立了小学语文教育研究会，大家共同探讨小学语文教学的改革。就是在这个时候，李吉林老师开始了情境教学的语文教学改革实验，坚持至今已经 30 年左右，创造了一整套情境教育的理论体系。

李吉林老师自己谈到，语文本身是一种艺术，但是在学校里居然有不少小学生不喜欢语文。为什么？就是因为传统教学使"内涵极为丰富的小学语文教学，被支离破碎的分析讲解、没完没了的重复性抄写、名目繁多的习题，以及不求甚解的机械背诵所替代，并充塞着儿童的生活"（《李吉林文集》卷一第 4 页）。李吉林老师要改变这种状况。她从国外语言教学的情境教学法中得到了启发。学习外语需要有语言的环境，同时需要有外国文化的情境，才能学到真正的外语。李吉林老师认为，外语学习需要情境，难道学母语就不要情境？语文是思想交流的工具，它总是包含着丰富的内容。语文交流的是文化、是事件、是人物、是人物的思想感情。不了解语文的内涵，不了解语文表达的情境，如何能掌握语文这个

李吉林老师和孩子们

文化交流工具的本质？于是李吉林老师排除一切干扰和非议，毅然决然开始情境教学的实验。她在实验中始终把语文教学视为一种艺术，使儿童不仅学到知识，而且欣赏到、感受到语文中表达的美，得到美的享受。

李吉林老师虽然借鉴了外语情境教学的经验，但她没有把情境教学作为一种简单的教学方法仅停留在方法上，而是加以拓展。开始的时候把它形成一种语文教学模式，继而从情境教学拓展到情境教育，这时已经把它看作一种教育理念，一种指导教育教学的教育思想了。以后的实验，她又不限于语文教育，还推广到其他学科的教育上了。从下面两段她自己的讲话中就可以看到她的教育思想的拓展和深化：

情境教学是充分利用形象，创设典型场景，激起学生的学习情绪，把认知活动与情感活动结合起来的一种教学模式。

我从情境教学运用于语文单科的成功经验，抽象概括出符合儿童心理特点和认识规律的带有共性的创设情境的"四为"和"五要素"。"四为"，即：

以"形"为手段；以"美"为突破口；以"情"为纽带；以"周围世界"为源泉。促进儿童发展的"五要素"，即：以培养兴趣为前提，诱发主动性；以指导观察为基础，强化感受性；以发展思维为中心，着眼创造性；以陶冶情感为动因，渗透教育性；以训练学科能力为手段，贯穿实践性。然后提出了情境教学向整体优化发展的设想，确定了"优化情境，促进整体发展"的总课题，逐步形成情境教育的实践基础和理论构想。

从情境教学的探索，到情境教育的构建，再到情境课程的开发，这就是李吉林教育思想从实践到理论，又从理论回到实践的深化过程，也就是李吉林教育思想的三部曲。

李吉林的教育思想有着重要的理论价值和现实意义。其理论价值在于她不是停留在情境教学的方法上，而是运用教育学、心理学的理论探讨了儿童认知的规律，把儿童的注意、观察、思维、想象以及非智力因素都调动起来，在教学中促进儿童智能发展。这在课程教学理论中具有重大的意义。其现实意义在于对落实新课程改革，推进素质教育具有重要意义。新课程的最大特点是，课程教学不仅要传授知识，而且要培养学生的能力，培养学生对知识的认识态度和价值观。要落实新课程的目标，就需要改变传统的教学模式，以新的教育理念为指导，重视学生的主体性，培养学生自觉的对教育内容的体验。情境教育正是让学生在情境中自觉体现，自主学习，从而更深刻地理解教材，掌握知识，获得情感体验。

李吉林的教育思想和实践是在中国本土生成的，具有浓厚的中国文化内涵，是有中国特色的原创的教育思想流派。虽然她也借鉴了国外的理念，但她把它运用到自己的教育实践中，在实践中本土化，并且丰富拓展了这些理念，最后形成了具有中国特色、中国气派、中国风格的教育思想体系。与此同时，李吉林的情境教育思想又是符合世界教育发展潮流的。当今世界科学技术日新月异，多元文化互相交流。学校已经不是象牙之塔，学校必须开放办学，开阔学生的视野、培养学生创新的能力。情境教育就是跳出课堂的狭窄空间，在广阔的环境中学习，能够充分培养学生的想象力和创造性。当然，不是说不要课堂教学，而是课堂教学不围于课堂的小范围内，把眼光放到课堂外面，放到世界的广阔天地里。

李吉林教育思想体系的形成标志着具有中国特色的、我国原创的教育思想流派的出现和成熟，也标志着我国一批当代教育家的涌现。长期以来，我们只介绍宣传外国的教育家，把他们的学说拿来推广引用，总说没有出现我们自己的教育家。今天我们终于看到了我们自己的土生土长的教育家，看到了她的教育思想体系，看到反映她的教育思想的《李吉林文集》。其实新中国成立以来60多年，特别是改革开放以来30年的教育实践，在思想解放、开拓创新的氛围中，涌现出一批教育改革家，他们敢于创新，勇于实验，创造了许多教育新思想和实践新经验。李吉林老师就是其中最杰出的代表之一。她不仅在教育实践中创造了奇迹，培养了大批高素质的人才，而且在教育中勤于思考，努力探索，创造了一整套"情境教育"的思想体系，丰富了我国教育理论的宝库。

我们今天在这里研讨她的教育思想，一方面要学习她的教育思想，推广她的教育思想和经验；另一方面更要学习她热爱教育、热爱儿童、勇于探索、不断创

李吉林老师和孩子们

新的精神。

　　第一，我们要学习李吉林老师热爱儿童、热爱教育事业的精神。李吉林老师对儿童的爱不是普通的爱、不是普通的所谓喜爱孩子，而是建立在对教育的忠诚、对民族未来的责任、对儿童的信任的基础上的。她对青年教师讲："大家都知道祖国要繁荣昌盛，就必须提高民族的素质；而民族素质的提高，首先是通过基础教育进行的。儿童的行为习惯、道德品质、文化素养以至思想观点正在逐步形成过程中，我们必须从多方面对他们施以良好的教育和教养，为他们成为社会主义事业全面发展的一代新人打好基础。"（《李吉林文集》卷二第5页）她的情境教育的情，就体现在对儿童的情上，只有对儿童有情，才能去激发儿童的感情。没有教师的满腔热情，就不可能实施情境教育。

第二，要学习李吉林老师对教育教学的孜孜不倦的钻研精神和科学态度。她几十年如一日，勤奋工作，努力学习，她进修文学，学习教育学、心理学，不断提高自己的专业水平。她把教育作为一门科学，不断探索，从实践到理论，又将自己总结出的理论用到实践中去检验，不断升华，形成完整的教育思想体系。今天大家都在谈论教师的专业发展，不要做教书匠，要做研究型教师。李吉林老师就是研究型教师的典范。教师的专业发展不能离开教育实践，短期的脱产学习是必要的，但更重要的是要在教育实践中学习，边学习边反思，把教育作为一门科学来研究，才能悟出教育的真谛。

第三，要学习李吉林老师锲而不舍、不断追求卓越的精神。教育实验研究是一项复杂而长期的工作，不能一蹴而就，需要有耐心、有恒心，长期实践、探索，再实践、再探索，不断升华，才能总结出带有规律性的经验。现在有些教师把教育实验研究看作功利的工具，定一个课题，写一篇文章，评到职称，就算完成。这是成不了教育家的，也无助于教育质量的提高。我希望我们的教育实验研究要像李吉林老师那样，锲而不舍，长期坚持，必然会取得成功。

李吉林情境教育思想是极为丰富的，因为我学习得不够，体会得不深，所以说得很不全面，只是表达一点我对李吉林老师的敬意。

（作于 2008 年 11 月 23 日）

43 /

成尚荣

成尚荣（1941— ），江苏南通人，研究员，曾任南通师范第二附属小学校长、江苏省教育科学研究所所长、江苏省教育管理研究会副理事长，教育部基础教育课程改革专家委员会委员

教育的智者　学者的风范

　　成尚荣的名字我早有耳闻，他从事小学教育 20 多年，担任过南通师范第二附小校长，有丰富的教育经验。他任江苏省教育科学研究所所长时，对江苏省教育发展产生了很大影响。未见其面，先闻其言。教育界流传着他的许多名言语录，例如他说"态度决定一切"。他认为教师的工作态度很重要，作为教师，要善于调节自己的情绪，保持积极乐观的工作态度，才能更好地教育学生、引导学生。又如他说："对待儿童的心灵要像对待玫瑰花上的露珠一样"，爱要从尊重学生开始，尊重是教育学生的第一道阳光，如此等等。虽未谋面，心已有戚戚焉。

　　我与成尚荣的近距离接触是在 21 世纪之初，他被教育部调来北京参加新一轮课程改革工作。当年教育部成立了国家基础教育课程教材专家咨询委员会，许嘉璐任主任，王湛和我任副主任。又成立了专家工作委员会，王湛任主任，成尚荣任咨询委员会和工作委员会委员。此后我们的联系就多了起来。与成尚荣先生见面，谈的都是教育问题，我们有共同语言。成尚荣老师对基础教育有丰富的经验，为义务教育课程标准的制定付出了辛勤劳动。

　　成尚荣先生学识渊博，工作严谨，对基础教育有深入的研究和缜密的思考，对当前我国基础教育的现状和发展有清晰的认识。他把"一切为了学生的发展"作为最高的教育理念，把素质教育落实到每个学生身上。他认为学校应有三张课表，一是国家课程课表，二是地方课程课表，三是校本课程课表（学生课表）。三张课表统筹起核心素养的中国表述。他指出，发展学生核心素养，是国际教育的共同主题。中国学生发展核心素养应有中国根、中国魂、世界眼，应植根于中华优秀传统文化土壤，使中国学生核心素养的表述有中国风格。教育要发展学生

成尚荣先生

的智慧。他说，智慧是一种整体品质，它在情境中诞生和表现，以美德和创造力为方向，以能力为核心，以敏感和顿悟为特征，以机智为主要表现形式。讲得多么精辟！

　　2021年，成先生的大作《做中国立德树人好老师》出版。其前言叫《种子的理想与现实主义》。文章开头讲了种子的小故事，然后对种子的力量作了详细阐释。他说："每一个人都需要一颗种子"，教师需要种子，儿童需要种子。种子就是人的价值，教育就是价值教育。这颗种子的名字叫"中国""中华民族伟大复兴的中国梦"。教师播种着民族精神、时代精神。教师本身就是一颗种子，教师是终身学习者、自我教育者，在专业发展中更为重要的是自己的价值观。这篇文章对教育的本质以及师生的发展讲得多么透彻！

见过成先生的人都会对他的堂堂仪表、挺拔身板印象深刻。听过他讲座和主持的人无不赞叹他记忆力超群、才华横溢。无论讲座的时间多长，他从不念稿，无论嘉宾的论点有多少，他都总结得一条不漏。而且他的语言文采灼灼，语调抑扬顿挫，引经据典，一气呵成，并无半点废言病句，令在场听众折服。他的讲座和主持从来不会让听众觉得枯燥，而是深入浅出地用艺术的语言传播先进教育理念和学校的鲜活经验，受到广大一线教师的热烈欢迎。记得 2019 年我到无锡锡山高中参加教育家精神的论坛，成先生和唐江澎校长的现场互动既风趣幽默，又饱含教育哲理，听众在开怀大笑时充分领略到两位教育大家的智慧和风采，周围很多人都用"男神"来称呼成先生。

成先生虚怀若谷，谦和有加，不遗余力地扶植年轻教师和教育后辈，从不鄙视他们不成熟的思想，而是热情鼓励，循循善诱。他为数不清的成长中的教师和校长写序、写推荐文章，辅导他们做课题，将他们扶上马，送一程。有一大批现在的名师名校长提起成先生都感激不尽。

北京明远教育书院成立以后，聘请成尚荣先生为专家委员会委员，后来他更是担任了明远未来教育研究院专家委员会主任。书院和研究院的各项活动、论坛讲演等他都有求必应地参与，并每每给这些活动增添光彩。在 2022 年的明远教育论坛上，他深入地分析了深度学习的概念和内涵。他说，义务教育课程标准有五条基本原则，涵盖了方向、对象、内容、关键、方式，形成一个结构化的理论维度。深度学习要服从于基本原则，处理好学习与学生个体性的关系、与思维的关系、与实践的关系。也就是说深入学习不是让学生埋头于书本，而是要以学生为主体，激发学生的主动性；要发展学生的思维；要让学生在实践中体会。在2023年的明远教育论坛上，他论述了弘扬教育家精神。他认为，弘扬教育家精神就是要把优秀教师的经验和思想总结出来，提炼出来，发扬光大。

近几年来，已是耄耋之年的成先生仍然独自拉着行李箱，不知疲倦地奔走在全国各地的学校，参加学校的发展研讨会，指导学校的课程改革和课堂教学，日程之满、工作量之大，令很多年轻人汗颜。

成尚荣先生热爱教育，热爱儿童，一辈子耕耘于基础教育。虽已是高龄，但仍怀着一颗童心，思想敏锐如初，身健确似青年，待人和蔼可亲，有大气学者风范，真是《诗经》中说的"有匪君子，如切如磋，如琢如磨"。

（作于2024年9月16日，24日修改）

44

蔡林森

蔡林森（1942— ），江苏泰兴人，教育实践家，特级教师，曾任江苏洋思中学校长，现任河南永威学校名誉校长

"先学后教" 的教育思想创始人

　　蔡校长已逾古稀之年，从江苏洋思中学到河南永威学校，几十年孜孜不倦培养一代又一代学生，他的教育思想永放光芒。为什么他的教育思想经久不衰？我觉得有以下几点。

　　第一，他热爱教育事业，热爱学生。蔡校长已年逾古稀，但仍然心系教育，他抛开了在富裕的家乡退休赋闲的生活，跑到河南的西部农村办学，为的是什么？为的是教育，为的是我们民族后代的发展。他每天起早贪黑，以校为家，他的人生就是教育，教育就是他的人生，他把一生奉献给了教育事业。我曾经说过，要成为一名优秀的教师，首先要有做教师的意愿。教师不只是一个普通的职业，教师的工作关系到儿童的未来、国家的命运、民族的兴衰。蔡校长把儿童装在心里，把祖国装在心里，所以才能取得今天这样的成绩。

　　第二，他有一个信念，就是"以人为本""以学生为本"。他相信每一个学生，充分认识到学生都有其内在的潜力，相信每个学生都能成才。每一个教育工作者必须具备这种信念。有了这样的信念，教师才能全心全意扑在教育上，才能真正地热爱学生。他的"以学生为本"的教育思想，指导着学校的工作，引领着全校教师员工为学生的发展而努力服务，所以教育质量很快就提升了。

　　第三，他在教育中"以学生为主体"。"先学后教"的思想就是将学生放在主体地位。现在大家都在讲，未来教育是要把教师的"教"转变为学生的"学"。那么，蔡校长的教育思想已经超前了多少年。当然，未来的学，在信息化时代，还有新的含义。但这种转变，都是建立在"以学生为主体"的理念之上的。这种理念值得大力提倡。在当前的教育现实中，许多老师仍然认为自己是主体，认为

蔡林森先生

自己是知识的权威，学生只是接受教育，被动学习。教师可能在课堂上向学生提出许多问题，叫了许多学生起来回答，看起来也很热闹，但提的问题是老师的问题，不是学生的问题，还是没有体现学生的主体性。蔡校长不是那样，他始终将学生放在主体位置。"先学后教"就是以学生为主体的具体体现。先由学生自学，发现问题，再由老师讲解，这就是有的放矢，真正解决了学生的疑难问题。同时学生先学，可能会有自己的体会，不会因为老师先讲了，先入为主，影响学生自己的领悟。当然"先学后教"是一般方法，具体应用还要视不同科目、不同教学任务而定。

第四，蔡校长始终把课堂教学作为培养人才的主渠道。蔡校长一直认真抓课堂教学，让老师上好每一节课。他提出"当堂练习"，使学生在课堂上就学懂练会。这是减轻学生课业负担最重要的方法。学生在课堂上学懂练会了，课外作业就不需要那么多了。现在许多学校不是把精力放在上好每一节课上，而是放在课外作业上，给学生留许多家庭作业，使学生埋在作业堆里，没有时间思考，没有时间锻炼身体，没有时间参加自己喜爱的文体活动。蔡校长的"先学后教"和"当堂练习"，让学生先学、先思考，当堂练习、当堂学会，减少了作业，减轻了负担。

第五，严格管理。学校能有序运行，需要有制度保障。无论是在洋思中学，还是在永威学校，蔡校长都重视制度建设，建立了教师岗位责任制。教师有章可循，校长依规进行监督检查，使学校工作有条不紊。

蔡校长还有许多办学思想和经验，我也说不周全，以上只是我对蔡林森教育思想的一些体会。祝愿蔡校长身体健康，永葆青春。

（在第四届蔡林森教育思想研究会上的发言，2019 年 4 月 13 日）

45 / 朱小蔓

朱小蔓（1947—2020），女，江苏南京人，教育理论家，曾任南京师范大学副校长、中央教育科学研究所所长、全国教育科学规划领导小组办公室主任

充满激情的教育理论家

　　小蔓同志要我给她的文集作序，我乐意为之，因为我觉得她是一个愿意做学问的人，是为我国教育科学研究做了不少工作、有贡献的人。

　　第一次见到小蔓同志是 20 世纪 90 年代初在南京参加由中国教育学会举办的会议，听说她有十几年从事思想道德教育的实际经验，从伦理学术界转到教育学术界，投到鲁洁教授门下。初次见面，她给我留下很好的印象。后来听说她从莫斯科大学做访问学者回来接了鲁洁教授的班，把鲁洁教授创办、在我国教育学术界很有声誉的南师大教育科学研究所老老少少专业人员团结得挺好，并有了更大的发展。20 世纪 90 年代中期她担任南师大副校长后，数次为南师大教育学科建设来看我，聊得深些了，知道了她工作和求学的经历，感觉她事业心强，对学术充满向往和敬畏。

　　2002 年，她奉命到中央教科所任所长、党委书记，兼任全国教育科学规划领导小组办公室主任。上任不久来看我，我觉得这个岗位的担子很重。在人们眼里，这个职位重要，权力不小，可是我看她，总是一副大学女教师的模样，热情、坦诚，带着书卷气，还有些天真。后来，不断听到所里科研人员反映，她尊重老同志，重视史、论，以及比较研究在内的基础理论建设，热心国际学术交流，也看重课堂一线教师的研究，自己带队深入农村做调查，积极采取措施提升教科所为教育决策服务的能力等。我感觉这一办所思路是正确的，如此下去教科所的发展建设应当有希望，因而很愿意支持她，那几年里我参加过不少她邀请的活动。

　　北师大出版社为她出教育学家文集，我赞成这件事，我觉得应该出。听说出版社早就动议了，她却一再坚持要晚些，希望少些愧疚不安。其实她的学术作品不少，有明确的研究方向和思考的着力点，价值趣味和文风有自己的坚持和风格。

朱小蔓与孩子们

可贵的是她虽然几十年"双肩挑",但从没有把职务当"官"来做,学术情怀一如既往、不变如初,坐班行政之余一直坚持带研究生、搞科研、读书与写作。

现在这部书稿分三篇,上篇主题集中为道德与价值观教育。这是她的研究专攻。其中包括道德教育基本原理、道德教育研究方法、传统道德教育的现代转换、当代德育新问题及其应对、课程改革与道德价值观教育,还有对国外教育家、哲学家思想资源的学习借鉴。我感觉她写的德育研究文章善于吸纳不同学科的知识,既有一定的说服力和思想深度,又没有烦琐论证、艰涩语言,比较晓畅、好读。看得出，她的作品往往与她的工作经历、生活事件及所思所虑有关。世纪之交，她受命领衔申请在南师大建立教育部人文社会科学重点研究基地——道德教育研究所，出任首任所长。这是南师大几代人学术文化积累的结果，她自然不敢懈怠，听说为了这个所的初建，她付出很多辛劳，生病住了几次医院。后来，南师大被批准建立全国第一个德育学博士点，这一基础是鲁洁教授等前辈奠定的。因为早在 1986 年，南师大就有了第一个教育学博士点后重点研究方向即道德教育研究，全国专攻道德教育的博士主要来自南师大。小蔓同志自然成为德育研究方向和后来的德育学博士点的学科带头人，从 20 世纪 90 年代中期起前后培养了几十名与道德教育学术相关的博士生、博士后。2005 年，国家新闻出版总署批准公开发行《中国德育》杂志，小蔓同志出任中国德育杂志社社长、总编辑。她和同事们一心想把《中国德育》办成国内代表道德教育最高水平的专业刊物，短短两三年已在教育学术期刊中排名第 8 位了，这在当前的社会情势下很不容易，不投入心血是断不可能的。还有，小蔓同志自 2001 年受命带队制定中小学品德课程标准，2006 年起她受命领导初中思想品德课标修订，历时 5 年。我作为初中思想品德课程标准修订审议组组长，深知其难、其艰辛。因此我认为小蔓同志作为鲁洁教授的传人，继承了她导师的学术风范，对我国德育学科建设、德育课程政策、学校德育工作改善做出了不小的贡献。德育研究因其依托知识的综合性，因其与时代发展变化的密切联系，其学术价值及对实践的贡献有时是很难让人判断的，所以我希望她能坚持下去，并能带出更多年轻人。

　　文集中篇集中于情感与素质教育论题。情感教育是她的研究专长，她一直认为，人的情绪、情感，由于其早发性、强动力性和一定的内隐性，对人的整体素质发展具有根基作用，以此建树人的身体、智力、审美和精神发展的大厦才是内在性的、自然而可靠的。我注意到她以自己的情感教育研究，为 20 世纪八九十年代以来中国学校素质教育的推进和实验研究做了很多工作。1997 年即已形成的、对小学素质教育模式的理论建构不仅在国内学校有积极影响，在国外参与学术讨论也多次对外传播与交流。2005 年，教育部组织素质教育系统调研，她任专题组首席专家。在几次不同场合，听她发表关于素质教育的认识，其基本理念、判断，包括对现行评价方式忽视人的素质发展的内在、隐性特征，造成种种负性伤害等观点，我都十分赞同。素质教育在我国学校的推进，目前还有不少困难和阻力，人们在认识和行为上有不少混乱，需要作理论澄清，需要有学者发出声音。小蔓同志倘若沿着这一研究方向继续开掘，更深入地研究下去，一定会不断显现其学术价值，并对教育实践发挥作用。

文集下篇集中于教师人文素养与教师教育。小蔓长期在师范大学工作，在大学曾主管本科教学工作，为师范大学教学改革，特别是在提升师范生人文素养方面发挥了一个学者校长的作用。她也直接主持过我国本科小学教育专业建设的研究论证工作，率先办起设在原南京晓庄师范学院的我国第一个本科小教专业，至今承担教育部教师教育专家咨询委员会小学教育教学指导委员会的工作，因此她对教师教育，尤其是小学教师教育比较熟悉，也很有感情。1994 年，她就提出素质教育呼吁具有情感和人文素质的教师，她对我国小教界著名教师斯霞、李吉林等的教育成就满怀尊敬和热情，为她们写的研究文章也特别有文采和学术感染力。她对我国世纪之交教师教育改革既积极支持，参与很多，又常怀忧虑之心，以其学术敏感和良知对眼下过于追求外在化标准，未能很好把握教师专业工作性质、特征的种种不合适的政策与做法提出质疑和批评。

总之，我认为，小蔓同志研究的关注点、教育情怀以及秉持的价值观长期坚持如一，这很可贵。她的研究、她的演讲、她的文章总是既有不断跟进学习的新知、新的文献资料，又明显体现出面对时代问题直逼、挑战的思考和回应，她总有饱满的情感，有她自己对生活和生命的感受发于思想与文辞之间。我想，中小学教师喜欢她的文与人，喜欢听她讲学，大概就是这个缘故。

从事教育研究既需要理论修养，又依赖教育经验与体验，小蔓同志工作经历丰富，从教学管理、教育科研管理到个人教书育人均能敬业专注、躬身勤勉，我相信这样的学力与人格条件是很适合做教育研究的。2007年底，她离开中央教科所岗位之前高兴地告诉我将要到北京师范大学工作，她说，愿意把教书、做学术作为自己的人生归宿。我当然非常高兴，同时也为她回到学术而欣慰，因为她骨子里喜欢教书、喜欢学术、喜欢诚实地生活。我对她最大的希望就是保护好身体，劳逸结合，为社会、为教育、为年轻人做更多有益的工作。

（本文作于2011年8月24日。今天我们不能不以沉痛的心情把这篇序再呈现出来。小蔓离我们而去已四年了。小蔓是改革开放以后第一代教育科学研究者，她非常有朝气，工作有激情，讲话有感情。晚年与病魔斗争了好几年，总是带病工作，我去看她，她还在工作，实在感到心痛。本来她应是我们这一代人的接班人，没有想到早逝。可以欣慰的是她留下了丰富的学术著作，丰富了教育科研宝库。斯人已逝，但精神永存！——顾明远又及，2024年8月6日）

46/

吴正宪

吴正宪（1954— ），女，特级教师，北京教育科学研究院基础教育教学研究中心小学数学室主任、国家基础教育课程教材专家工作委员会委员、全国小学数学专业委员会副理事长

像吴正宪那样做教师

2014 年教师节前夕，习近平总书记在与北京师范大学师生座谈时提出好老师的四个标准，即要有理想信念、道德情操、扎实学识、仁爱之心。怎样做到这四点？我认为可以参考《跟吴正宪学当老师》和《跟吴正宪学教数学》这两本书。

吴正宪是北京市数学特级教师。不仅北京地区的小学老师知道她，全国各地的小学老师中也有许多她的崇拜者。她之所以有这样的知名度，就是因为她完全符合"好老师"的要求。

吴老师热爱孩子，热爱教育事业。她把自己的生命融入小学数学教育。她认为，教师既有付出，也有收获。教师收获的是孩子们的真诚与渴望、是儿童成长的愉悦、是人生价值的实现。这种对教师的认识是其成为好老师的最重要的基础。

教育既是科学又是艺术。教育是科学，就要有扎实的学识。吴正宪不仅具有扎实的数学功底，而且具有广阔的视野，在几十年的数学教育生涯中建立了儿童数学教育理论体系。教育是艺术，就要善于创造性地把知识传授给学生。吴正宪的儿童数学教育理论体系就包含了儿童数学教育思想和教学艺术实践两个方面的内容，而教学艺术实践体现了她的教学风格。

吴正宪认为，进行儿童数学教育，首先要了解儿童。儿童是独立的自由主体、是活生生的人、是在发展成长中的人，因此要充分发挥儿童的积极性、主动性。这也是我一直主张的思想，即学生是教育的主体，教师的主导作用就在于启发学生的主体性。

吴正宪（左）与顾明远（右）

教育是艺术，优秀教师必然有自己的教育风格。吴正宪的教育风格大家可以在这两本书中体会到，我不敢贸然概括。我听过她的公开课，我的感觉是，她的教学明快流畅、紧扣主题、启迪思维、步步深入、引人入胜。

《跟吴正宪学当老师》和《跟吴正宪学教数学》两本书，是她的弟子——一批年轻教师记录的吴正宪老师教书育人、做人做事等方面的故事，以及他们的感悟。书中没有理论的说教，而是透过一个个鲜活的故事，讲述吴正宪老师的教育思想和教育艺术；透过一个个鲜活的故事，讲述吴正宪老师怎样手把手地引领年轻教师的成长。两本书内容丰富，故事性强，具有可读性。我相信读者通过这两本书，可以更深入地体会到一位好老师的精神实质和她的教育智慧，而且会得到某种启迪，从而提高自己的教育品位。

（原为《跟吴正宪学当老师》序，作于 2018 年 5 月 21 日，略有改动）

图书在版编目（CIP）数据

我所认识的大先生 / 顾明远著 . -- 北京 : 中国人
民大学出版社，2025. 1. -- ISBN 978-7-300-33451-6

Ⅰ. K825.46

中国国家版本馆 CIP 数据核字第 20244AA392 号

我所认识的大先生

顾明远　著

Wo suo Renshi de Daxiansheng

出版发行	中国人民大学出版社	
社　　址	北京中关村大街 31 号	**邮政编码**　100080
电　　话	010 - 62511242（总编室）	010 - 62511770（质管部）
	010 - 82501766（邮购部）	010 - 62514148（门市部）
	010 - 62515195（发行公司）	010 - 62515275（盗版举报）
网　　址	http://www.crup.com.cn	
经　　销	新华书店	
印　　刷	北京尚唐印刷包装有限公司	
开　　本	720 mm × 1000 mm　1/16	**版　　次**　2025 年 1 月第 1 版
印　　张	19.75 插页 2	**印　　次**　2025 年 5 月第 3 次印刷
字　　数	153 000	**定　　价**　98.00 元